[illegible] D'INSTRUCTION ET D'ÉDUCATION DU CITOYEN

[illegible]ACHE
[illegible] DE L'UNIVERSITÉ

La Philosophie du Peuple

L'Hygiène — *L'Habitation*
L'Économie domestique — *Le Mariage*
La Souffrance et la Mort.

PRÉFACE
DE M. GABRIEL SÉAILLES
Professeur de Philosophie à la Sorbonne

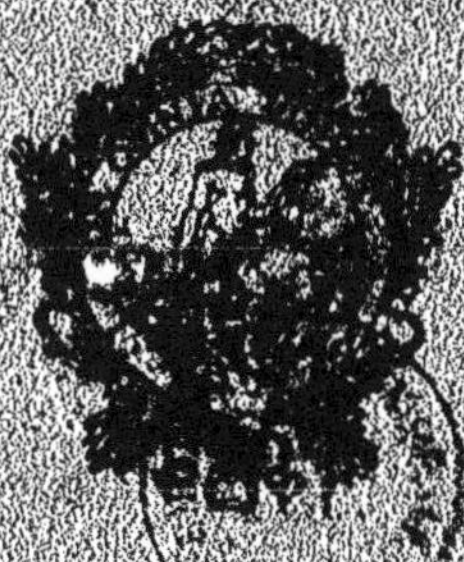

PARIS
Librairie d'Éducation nationale
ALCIDE PICARD ET KAAN, ÉDITEURS
11, RUE SOUFFLOT, 11

La

Philosophie du Peuple

OUVRAGES DU MÊME AUTEUR

La Rhétorique du Peuple (Paris, Picard et Kaan).

L'Idéal de justice et de bonheur et la vie primitive des peuples du nord dans la littérature grecque et latine, trad. de l'allemand (Paris, C. Klincksieck).

Cicéron et ses ennemis littéraires ou le *Brutus*, l'*Orator* et le *De optimo genere oratorum* (Paris, C. Klincksieck).

Petit manuel d'archéologie grecque (Paris, C. Klincksieck).

Stylistique latine, 3e édition corrigée et augmentée par Max Bonnet, professeur à l'Université de Montpellier, et F. Gache (Paris, C. Klincksieck).

Discours de rentrée, extraits de la « Revue Universitaire », librairie Armand Colin (Alais, Veyrière).

Voir à la page 235, le vocabulaire des noms propres et des mots rares cités dans **la Philosophie du Peuple.**

BIBLIOTHÈQUE D'INSTRUCTION ET D'ÉDUCATION DU CITOYEN

F. GACHE
PROFESSEUR DE L'UNIVERSITÉ

La Philosophie du Peuple

L'Hygiène — L'Habitation
L'Économie domestique — Le Mariage
La Souffrance et la Mort.

PRÉFACE
de M. GABRIEL SÉAILLES
Professeur de Philosophie à la Sorbonne.

PARIS
Librairie d'Éducation nationale
ALCIDE PICARD ET KAAN, ÉDITEURS
11, RUE SOUFFLOT, 11

A

Monsieur ***ANTOINE BENOIST***

Recteur de l'Académie de Montpellier

Témoignage

de respectueuse gratitude et de profond dévouement.

F. G.

PRÉFACE

M. Gache sait les devoirs que confère le privilège du savoir, et il s'attache à les remplir. Il est de ceux qui pensent que les hommes ont besoin d'être raisonnables pour être libres, et, avec un zèle infatigable, il s'efforce de propager et de transmettre les vérités qui, dans une démocratie, doivent devenir le patrimoine de tous. En exposant ses idées devant un auditoire populaire, il les contrôle, il en adapte l'expression à l'esprit de ceux qu'il veut instruire et convaincre, et, s'il les publie, c'est après les avoir soumises à cette épreuve, après s'être assuré qu'elles sont claires, intelligibles, efficaces.

Le livre qu'il nous donne aujourd'hui est le résumé de leçons professées à la *Société pour l'éducation populaire d'Alais*; il l'intitule hardiment *la Philosophie du Peuple.* Quelques-uns seront tentés de trouver le titre bien ambitieux, le livre bien modeste. Cette modestie volontaire est précisément ce qui me plaît, ce qui donne à cette œuvre une originalité, ce qui en fait la signification et le prix: sans longue discussion, sans phrases, sans polémique, elle montre ce que beaucoup s'obstinent à nier, que des progrès de la science et de la conscience se dégage une morale toute humaine, toute laïque, fondée sur l'intelligence de notre nature et des conditions que font à son développement les lois du milieu social et cosmique.

La *Philosophie du Peuple* n'est pas une métaphysique subtile et savante; vous y chercherez vainement l'exposé ou la critique des preuves de l'existence de Dieu; il n'y est pas question de l'immortalité de l'âme, du paradis ou de l'enfer, des peines ou des récompenses qui nous attendent dans la vie future. Elle n'affirme pas la cité céleste, elle ne la nie pas: elle l'ignore; elle nous laisse ici-bas, sur la terre, au milieu de nos semblables; elle se tiendrait pour satisfaite si elle nous enseignait à bien vivre la vie présente.

M. Gache se place au point de vue de ses auditeurs, et il se trouve que ce point de vue est celui des grands philosophes de la Grèce. Nous vivons, voilà le fait, et nous acceptons la vie, et le désir présent à tous nos désirs est qu'elle soit un bien: « à nous de la rendre ce que nous voulons qu'elle soit; le bien et le mal, dit l'Écriture, sont devant l'homme, ce qu'il aura choisi lui sera donné [1] ». Le bonheur n'est pas le privilège des riches; il ne nous vient pas du dehors; on le cherche partout où il n'est pas, dans la fortune, dans les sensations délicates, dans la paresse, dans les jouissances de l'ambition et de l'orgueil; on imagine que pour l'obtenir il faut des grâces spéciales, un rare concours de circonstances favorables; la vérité est que pour la plus grande part il dépend de nous-mêmes; nous devons le conquérir, le mériter, nous le donner à nous-mêmes.

M. Gache, dans *la Philosophie du Peuple*, cherche précisément comment, de nos jours, dans notre société industrielle et démocratique, avec les conditions qui lui sont faites, il est possible à l'ouvrier de lutter pour la conquête du bonheur, c'est-à-dire d'être un homme au sens vrai de ce mot. Il ne craint pas les humbles conseils, les détails minutieux, les renseignements pratiques, l'insistance sur ce qu'on néglige le plus souvent dans les livres, sur ce qui, en fait, est le fondement de tout le reste. La santé est le premier de tous les biens, celui qui se retrouve en tous les autres; nous n'en sommes plus à l'ascétisme, à la haine du corps, à la saleté sanctifiante les règles : de l'hygiène sont des règles morales. La propreté ne va pas sans la tempérance, l'une et l'autre sans le respect et la possession de soi-même. Après *l'hygiène*, M. Gache étudie *l'habitation*, puis *l'économie domestique*, le budget normal de l'ouvrier, l'art de l'établir, l'obligation de s'y conformer; enfin le *mariage*, ses devoirs et ses joies.

1. *Introduction*, p. 9.

Toujours il s'efforce d'établir par des faits, par des exemples simples que le seul moyen pour l'individu d'être heureux, c'est, selon la pensée des philosophes grecs, d'être vertueux, c'est-à-dire de remplir les fonctions qui résultent de sa nature, d'accomplir ses devoirs de père et de citoyen, bref de vivre une vie vraiment humaine.

Placé surtout au point de vue de l'individu, l'auteur n'insiste pas sur la solidarité qui nous unit les uns aux autres, sur les obligations qui nous associent aux grandes œuvres collectives et donnent à notre vie éphémère une sorte de perpétuité dans le bien qui se commence par notre humble effort. Mais il n'ignore pas que nous accomplissons notre destinée « dans la société de nos semblables et grâce à leur collaboration [1] ».

A propos des logements ouvriers il montre avec force les taudis repoussants où sont confinées des familles de plusieurs personnes; il dit l'immoralité, le vice et le crime sortant, par une sorte de fatalité, d'une misère dont sont responsables ceux qui s'y résignent. Sa conclusion nous fait même entrevoir une conception plus vaste et plus haute de la solidarité qui lie le bonheur de l'individu à la conquête de la planète par la science et par l'effort de tous les hommes: « le bonheur naîtra de l'unanime accord de la terre entière, il sera fils de la planète. [2] »

L'auteur, diront quelques-uns, a prêché la recherche du bonheur, il a réussi même, supposons-le, à montrer l'intime rapport qui l'unit à la vertu; mais a-t-il supprimé la souffrance et la mort? Sa petite sagesse terre-à-terre nous abandonne à ces maux sans consolation; il faut l'espérance et la foi pour donner un sens à la douleur, pour nous la faire aimer en mêlant à la résignation la volupté d'une joie spirituelle. — Quel coup de génie d'avoir fait de la victime un élu! L'auteur répond que la morale n'est pas l'art d'être infirme, mais la science de bien vivre. La mort est une loi à laquelle nous saurons nous soumettre: nous la dépouillerons des fantômes terrifiants dont la superstition l'accompagne; nous la regarderons en face, nous comprendrons qu'elle a un

1. *La souffrance et la mort*, p. 188.
2. *Conclusion*, p. 223.

sens, qu'elle est la condition du progrès, qu'elle rajeunit incessamment l'humanité; surtout nous vivrons de telle sorte que nous la voyions venir avec sérénité, comme le travailleur le repos mérité « d'une journée tôt commencée et bien remplie. [1] » La mort n'est pas plus redoutable que la naissance; l'une finit la vie, l'autre la commence, ce qui importe est ce que nous savons faire tenir de labeur, de vertu, de bien pour nous-même et pour les autres dans l'intervalle de ces deux instants. Et la douleur? Nous la supporterons vaillamment, nous en tirerons profit, nous mesurerons notre force, notre énergie contre elle. Mais nous ne l'aimerons pas, et au lieu de gémir ou de nous résigner, nous travaillerons, autant qu'il dépendra de nous, à réduire son empire, en supprimant tous les maux dont les hommes par leur imprévoyance, par leurs vices, par leur incurable sottise, sont les auteurs responsables.

Ce petit livre, dont nous venons de donner la substance, est excellent; il sera utile au peuple, aux instituteurs, à tous ceux qui cherchent à l'instruire sur ses devoirs et sur ses vrais intérêts. L'auteur nous avertit qu'il ne veut pas tout dire, que, de parti pris, il laisse quelque chose à découvrir à ses lecteurs. Il n'insiste pas assez, à mon sens, sur le rapport de la vie individuelle à la vie sociale. J'aimerais qu'il développât, avec sa clarté coutumière, quelques idées qu'il se borne ici à indiquer brièvement. Il nous dira certainement un jour ce que l'homme doit à la société, ce que son labeur prend de grandeur, quand il l'accomplit dans une haute pensée, comment la besogne la plus humble peut être sanctifiée par son rapport à la tâche qui se poursuit par l'effort de tous; il nous montrera notre vie d'un jour dans la pérennité de la vie collective, la religion qui unit l'individu à tous les hommes, à ceux d'aujourd'hui, à ceux qui ne sont plus et à ceux qui ne sont pas encore, et l'humanité même à la planète qu'il lui appartient de pénétrer d'intelligence, d'animer de sa pensée [2].

1. *La souffrance et la mort*, p. 198.

2. La judicieuse remarque de M. Séailles a déjà reçu satisfaction: dans un troisième ouvrage qui sera la suite de la *Philosophie du peuple*, comme celui-ci est la suite de la *Rhétorique du peuple*, l'auteur s'étend sur la solidarité des individus et des générations. (NOTE DES ÉDITEURS).

Mais ce qui donne à ce petit livre tout son sens, c'est sa simplicité même, sa bonhomie, son caractère d'évidence. Par cela même qu'il ne remet pas en question les principes, qu'il part de ce qui ne lui est pas contesté par le public auquel il s'adresse, il constate certaines vérités, certaines croyances qui vivent dans la conscience populaire. On feint de croire que la démocratie est désorientée, qu'elle est sans idéal, que tôt ou tard elle devra faire amende honorable, se soumettre repentante à l'autorité de l'Église, qui détient le monopole de la morale. La science qui a transformé, avec l'idée de l'univers, toutes les méthodes, toutes les habitudes de la pensée, aurait laissé intacte notre conception de la destinée humaine. La croyance traditionnelle serait confirmée par l'impossibilité d'y substituer une doctrine nouvelle de la vie.

La vérité est que les vieux dogmes sont désormais sans efficace : le diable, qui a joué un si grand rôle dans la vie morale de nos pères, nous est presque aussi étranger que Jupiter; il a disparu même des asiles d'aliénés, il y est supplanté par le spiritisme et l'électricité. Le peuple a son idée de la vie, sans doute il est incapable de la formuler nettement, mais vous reconnaîtrez ce qu'il pense et ce qu'il croit par ce qu'il comprend et par ce qu'il accepte. Essayez de lui dire que la vie présente n'a pas de sens par elle-même, qu'elle est une épreuve, un mauvais moment à passer, que la justice n'est pas de ce monde, qu'elle régnera dans une cité meilleure; que les riches sont les vrais pauvres, qu'ils auront reçu leur part ici-bas et que la meilleure part lui est réservée; offrez-lui ces consolations hypothétiques et demandez-lui, en échange, de se résigner à l'iniquité sans impatience ni révolte. Dites-lui au contraire qu'il convient de prendre au sérieux la vie présente, que la fin de l'homme est d'être homme, qu'il ne l'est que par la société qu'il forme avec ses semblables et dans la mesure où il y réalise la justice et la fraternité; parlez-lui des bienfaits de la science, de la nécessité de connaître les lois de la nature tout à la fois pour s'y soumettre et pour les faire concourir aux fins supérieures que pose l'esprit; prêchez-lui la loi du travail, de l'effort sur soi-même et pour tous; montrez-lui la vie individuelle comme un élément et comme un moment de la grande vie qui, de générations en générations, se perpétue et dont le grand labeur continu enfante la justice et la vérité. Là est l'idée morale nouvelle, l'idée que vous retrouverez aussi bien dans la religion de Tolstoï que dans cet humble manuel du bon père de famille et du bon citoyen : nous vivons ici-bas, c'est ici-bas que nous voulons faire le bien, réaliser l'ordre moral. Nous ne mettons plus au principe de notre conduite ce que nous ignorons, ce qui est possible, d'audacieuses hypothèses érigées en certitudes; nous partons de ce que nous savons, nous voulons d'abord ce que nous pouvons; nous entendons faire notre besogne, tout ce qui dépend de nous, de notre intelligence et de notre volonté. Ceux qui remettent si aisément la justice à une autre vie et à un autre monde donnent à penser qu'ils ne sont pas pressés de la voir régner ici-bas. Quand les hommes aimeront la justice, quand ils cesseront d'adorer les violents et les meurtriers, quand ils se traiteront en frères, ils pourront, sans hypocrisie ni mensonge, invoquer leur Père céleste.

GABRIEL SÉAILLES.

LA
PHILOSOPHIE DU PEUPLE

> « On peut essayer de bien des choses excepté de vivre au hasard. » GOETHE.
>
> « L'existence est la chose du monde la plus frivole, si on ne la conçoit comme un grand et continuel devoir. » RENAN.
>
> « La vie et la mort, le bien et le mal sont devant l'homme ; ce qu'il aura choisi lui sera donné. » MOÏSE.
>
> « Je posséderais tout ce qu'on peut désirer au monde, qu'il me manquerait encore tout : le bonheur d'autrui. »
> A.-M. AMPÈRE.

INTRODUCTION

SOMMAIRE. — Que la *Rhétorique du Peuple*, enseignant moins l'art d'écrire ou de parler que l'art d'être heureux, une étude sur le Bonheur en est la suite naturelle. — Que le bonheur se conquiert par l'effort quotidien. Comment le présent ouvrage doit donc s'intituler la *Philosophie du Peuple*. — Des devoirs qui nous incombent, et que le bonheur dépend de la manière dont nous accomplissons ces devoirs. — Que cette *Philosophie du Peuple* ne doit être que le manuel du père de famille et du citoyen.

Cette étude sur le bonheur est la continuation de la *Rhétorique du Peuple*, ou plutôt, c'est la reprise du même sujet.

Que faisions-nous, en effet, dans la *Rhétorique*, quand, pour préparer le jeune ouvrier, le jeune paysan, le jeune soldat, à écrire une lettre, à tenir une conversation, à prononcer un discours ou à écouter un orateur, nous leur disions sans cesse : « soyez *hommes* le plus que vous le pourrez, ouvrez votre esprit, élargissez votre cœur, ennoblissez votre vouloir; soyez bons fils, bons pères, bons citoyens... » Ce que nous enseignions par là, n'était-ce point, en somme, moins l'art d'écrire ou de parler, que l'art d'être heureux?

Ainsi donc, c'est à peine si l'on change de sujet; mais ce qui est sûr, c'est que l'on ne change nullement de méthode ni d'idéal.

Nous disions, dans la *Rhétorique* : « tout s'apprend, même la vertu »; continuant à voir dans l'effort intelligent et soutenu l'instrument de notre perfectionnement et de notre félicité, nous disons cette fois : tout se conquiert, même le bonheur.

Les misères de la terre sont épouvantables et infinies; nous croyons pourtant que le bonheur est à la portée de nos mains mortelles. Oui, ces pauvres mains d'hommes, débiles, meurtries, saignantes et que la mort a si tôt fait de briser, peuvent atteindre le bonheur; non pas peut-être en une fois, pour toujours et sans peine; mais, jour à jour, heure à heure, le créer par cet effort constant qui est la loi même de notre vie. Ce que nous voulons devenir, nous le devenons.

INTRODUCTION

Si nous écrivions un traité dogmatique sur le Bonheur, nous aurions à nous demander : la vie est-elle un bien? un mal? Ici — comme ailleurs peut être — pareille question serait oiseuse. La vie est; il suffit. Mais comme il nous importe qu'elle soit heureuse, *il faut qu'elle soit un bien.* A nous de la rendre ce que nous voulons qu'elle soit, car, « le bien et le mal sont devant l'homme, ce qu'il aura choisi lui sera donné ».

Dans un travail qui, comme notre *Rhétorique,* relevait de la littérature, nous parlions de la littérature fort peu, mais beaucoup de la morale, de l'éducation, des devoirs qui incombent à l'homme au sein de la famille ou dans la cité. Convaincus que le meilleur écrivain, le meilleur orateur, n'est point celui qui connaît le mieux et emploie avec le plus de dextérité les finesses de l'art d'écrire ou de parler, mais celui qui s'intéresse le plus aux choses de la terre, qui s'ouvre à la vie de toute part, se fait homme le plus qu'il peut, nous ne voulions point transformer les lecteurs en gratte-papier, en gens de lettres, mais en hommes prompts à aimer leurs semblables et capables de les servir.

Pareillement, dans cette étude, laquelle relève de la philosophie et que pour cela on intitule *la Philosophie du Peuple,* on n'exposera point les systèmes des philosophes, on n'initiera point la jeunesse aux discussions de l'école; on l'entretiendra uniquement des nécessités que la vie aujourd'hui nous impose.

Dans l'état actuel de la civilisation, soigner son corps, pourvoir à sa nourriture, à son habillement, à son logement, et, pour cela, prendre de la peine et travailler, s'instruire et se moraliser, se reproduire et mourir sont des obligations auxquelles il ne nous est pas plus possible de nous soustraire, qu'il ne nous serait possible d'y satisfaire dans l'isolement, sans que nos semblables nous prêtent leur aide, sans qu'ils pâtissent ou profitent de la manière dont nous nous acquittons de ces obligations.

Les hommes qui logent sous notre toit : nos parents et nos proches; ceux qui habitent la même commune ou le même pays : nos concitoyens et nos compatriotes; ceux qui passent sur la terre en même temps que nous, comme ceux qui, après nous, y passeront; en un mot, toutes les générations présentes et à venir sont également intéressées à la façon dont chacun de nous entend et pratique ce sérieux métier d'homme. Et, par là, il faut entendre la façon dont chacun de nous soigne son corps, l'habille, l'abrite contre les intempéries et le nourrit; à la façon dont il s'instruit et se moralise, dont il se divertit et travaille, dont il se marie et se conduit dans le mariage; enfin, à la façon dont il meurt.

Si de ces fonctions humaines nous nous acquittons consciencieusement, nous avons de grandes chances d'être heureux et les autres sont assurés d'être heureux par nous; si nous nous en acquittons mal, nous amoindrissons notre part de bonheur et la part du monde entier; nous accroissons notre part de misères et de souffrances, et la sienne. Cela, j'espère, nous le démontrerons au cours de cette étude.

Pour le moment, il me suffit d'avoir marqué comment je suis de nouveau conduit à parler des devoirs que tous, riches et pauvres, humbles et puissants, nous avons à remplir dans la famille, dans la cité, dans la société humaine tout entière.

Ainsi j'ai déjà ramené la *Rhétorique* et je vais ramener à son tour la *Philosophie* à n'être que le manuel du père de famille et du citoyen.

Je n'essaierai certes pas de transformer ceux qui me liront en psychologues, en métaphysiciens, en abstracteurs de quintessence!...

Quiconque enseigne, aujourd'hui, sait bien que de cela le peuple, ni la jeunesse n'ont nul besoin. Qui veut, d'un cœur sincère, favoriser l'évolution de l'humanité vers plus de justice et plus de lumière, vers plus de bien-être et de grandeur, en d'autres termes, vers plus de joie et de félicité, ne doit plus quitter des yeux la famille ni la cité.

Tout enseignement est vain, pernicieux même,

qui ne tend pas à former le futur père et le futur citoyen, car « on peut essayer de bien des choses, excepté de vivre au hasard », et vivre c'est, avant tout, être père de famille et citoyen.

Telles sont les idées qui m'ont dicté la *Rhétorique du Peuple*; telles sont encore les idées qui dans *la Philosophie du Peuple* me guideront.

CHAPITRE PREMIER

L'hygiène.

SOMMAIRE. — I. Le bonheur d'après les raffinés; qu'il n'est pas bon de sublimer la matière; que cependant le corps n'est pas le tout de l'homme; mot de Pascal : « l'homme n'est ni ange ni bête, etc. » La haine du corps particulière au moyen âge. Les Grecs et le culte de la beauté et de la santé; leur vaillance; la fécondité de leur génie; leur idéalisme; mot de Renan. Le moyen âge : divorce et conflit de l'âme et du corps; le *Cantique* III de Racine et l'*Homo duplex* de V. Hugo; les maladies, les misères, les horreurs et les cruautés du moyen âge; la mortalité au XVe siècle; causes de ces misères. — II. Pourquoi il faut soigner le corps et dans quel esprit. Comment il faut le soigner : la propreté; ustensiles et ingrédients indispensables. La journée d'un homme qui veut se tenir propre. La nourriture, le vêtement..., les conseils de M. Marrot. Objection : ces soins matériels procurent-ils le bonheur? Réponse.

I. — Il est des esprits subtils et renchéris qui, s'il s'agit de définir le bonheur, ne trouvent dans les langues humaines aucun terme qui les satisfasse. C'est, à les entendre, un je ne sais quoi d'indicible, c'est la plante merveilleuse qui ne fleurit que sur les cimes vierges; c'est la liqueur quintessenciée qui ne se garde qu'en des vases d'or; et puis c'est ceci, et puis c'est cela... Seuls des êtres d'exception, planant sur l'aile des mystérieuses langueurs, des élans inexprimables, des rêveries, des envolées, des extases, loin de la fange, en plein azur, poursuivent éperdument cette chimère décevante, avec des frissons d'âme inquiets et délicieux.

Cela est apparemment sublime; mais, au risque de froisser ces messieurs de l'empyrée, nous leur laisserons leurs sublimités bleu-tendre et rose-pâle, et nous commencerons l'étude du bonheur tout bonnement par l'hygiène, c'est-à-dire par la science de la santé.

Aussi bien semble-t-il qu'à raffiner on ne fait rien qui vaille. Il n'est pas bon de sublimer la matière et de ne vouloir pas tenir compte du corps; si on méprise le corps, que devient la santé ? et sans la santé, que devient le bonheur? Sans elle, est-il complet? est-il durable? est-il possible?

Est-ce à dire que le corps est le tout de l'homme? N'y a-t-il pas à craindre, en recommandant à l'homme de soigner en premier lieu son corps, de lui faire croire qu'il n'a rien de plus précieux, et de le détourner des soins qu'il doit à son esprit, à son cœur, à son âme?

Sans entrer dans une discussion, qui ne nous avancerait guère, sur la distinction ou l'identité de l'âme et du corps, il nous faut démontrer à l'aide de l'histoire, que l'humanité est montée très haut grâce aux peuples qui ont aimé toutes les choses de la terre, même celles qu'on prétend les plus humbles et les plus méprisables. Les peuples pour lesquels le corps n'a pas été une guenille qu'on doit laisser bien loin, qui, au contraire, l'ont entouré de soins attentifs, ces peuples ont eu plus que tous les autres l'esprit cultivé, le cœur grand, l'âme pure : ils ont fait avancer la civilisation, ils ont allégé l'existence et l'ont allongée ; la terre, grâce à eux, a goûté plus de bonheur. En revanche, les peuples qui ont méprisé le corps, ont été frappés et dans le corps et dans l'esprit et dans l'âme. Moins beaux, moins bien portants, ils ont été, par surcroît, stupides et dépravés, malheureux et méchants : ils ont fait reculer la civilisation, ils ont assombri et abrégé l'existence, compliqué et accru les souffrances humaines. Cette sorte de loi qui régit l'humanité et la fait grande et heureuse, quand elle ne rougit pas de sa condition, ou au contraire, l'avilit et l'accable de maux lorsqu'elle se méconnaît, Pascal, un des plus ardents chrétiens du XVIIe siècle, l'a formulée en ces termes expressifs : « l'homme n'est ni ange, ni bête et le malheur veut que qui veut faire l'ange (comprenez : ne pas tenir compte de sa nature, sacrifier le corps) fait la bête [1]. »

La haine du corps considéré comme principe et cause de tout mal, comme source du péché et de la perdition, a été particulière à l'Europe durant la période de son histoire qu'on appelle le moyen âge. Il n'est pas bien sûr que cette haine maladroite et dangereuse ait enfin

1. Pascal : *Pensées*, Havet, 7, 13.

disparu. Pour faire comprendre les maux qu'elle engendre dans la société, nous allons mettre en parallèle avec le moyen âge la civilisation des Grecs, qui, inspirés d'un sentiment contraire et convaincus qu'il n'y a rien de vil dans la maison de Jupiter (le monde), ainsi qu'ils s'exprimaient pour faire entendre que le corps ne doit pas être méprisé, le soignaient avec autant de sollicitude qu'ils affinaient et ornaient leur esprit.

Les Grecs, et plus particulièrement les Athéniens, avaient un culte pour la beauté; ils n'admettaient point qu'une belle âme pût loger autre part que dans un beau corps; la laideur physique était, à leurs yeux, le signe révélateur de la laideur morale. Que Socrate, qui était laid, eût pourtant l'intelligence vive, l'esprit élevé, la volonté ferme et pure, ils ne pouvaient y croire; qui sait même s'ils auraient prêté l'oreille aux calomnies qui le firent condamner, si cet homme divin avait été beau comme un de leurs dieux, ou simplement comme un de leurs athlètes? Un mot de leur langue est significatif : pour dire un honnête homme, ils disaient un homme « beau et bon ». Aussi, ne négligeaient-ils aucun des soins qui favorisent la croissance régulière, le développement harmonieux du corps, ou qui conservent la santé, condition première de la beauté et du bonheur.

Cet amour de la beauté, certaines républiques grecques le poussaient jusqu'à la cruauté, puisqu'elles jetaient au gouffre les enfants mal conformés. Ceux qui méritaient de vivre parce qu'ils promettaient d'être des hommes sains et beaux, étaient de bonne heure soumis à un entraînement méthodique : vie en plein air, couche dure, bains chauds ou froids, exercices de gymnastique, marches rythmées au son de la flûte, danses, tableaux vivants où les enfants apprenaient l'art de former et de dénouer leurs groupes gracieux. Plus tard, venaient les jeux plus violents (course, saut, jet du disque ou du javelot, lutte, équitation...) pratiqués non pas seulement dans l'adolescence et la jeunesse, mais jusqu'aux extrêmes limites de l'âge mûr. Enfin, les soins de propreté étaient merveilleusement entendus pour entretenir la souplesse des membres et le fonctionnement des organes; ils consistaient en hydrothérapie et en frictions à l'huile, suivies d'un massage fait à l'aide d'une sorte de racloire en bronze, le « strigile »; par là on assouplissait les membres, on enlevait la sueur, la poussière, les impuretés qui, obstruant les pores, gênent les fonctions de la peau, enfin, on activait la circulation, on augmentait l'énergie vitale de tout l'organisme. Voilà par quels soins la race grecque devenait à la fois plus belle et plus vigoureuse, plus apte à goûter les joies et à remplir les devoirs de l'existence.

Aussi, ces hommes beaux, gracieux et bien

portants savaient le prix de la santé, et, d'un cœur débordant de reconnaissance, chantaient les bienfaits d'Hygiée, la déesse souriante aux yeux brillants, laquelle dispense la santé aux mortels qui l'honorent : « O toi qu'on souhaite et « qu'on aime, toi qui fécondes et vivifies, reine du « monde entier, entends-moi, bienheureuse « Santé, toi qui apportes l'opulence, toi qui es « la source de tout bien. Par toi sont chassées « les maladies des hommes; toute demeure pros- « père et fait la joie des yeux, grâce à toi, et les « œuvres des hommes se multiplient. L'univers « après toi soupire, ô reine! Seul, de sa haine, « l'enfer destructeur de la vie te poursuit éter- « nellement. Toujours jeune, uniquement sou- « haitable, en toi les mortels trouvent leur repos. « Sans toi, rien de bon pour les hommes : la « richesse qui fait le bonheur est sans douceur « pour les puissants, comme, sans toi, ne peu- « vent atteindre la vieillesse ceux qu'écrase le « labeur; car sur tout s'étend ta toute-puissance, « ton universelle souveraineté. Viens, ô déesse! « sois toujours secourable à ceux qui célèbrent « ton culte, sauve-les des affligeantes douleurs « de la maladie.[1] »

Ces hommes qui tenaient tant à se bien porter et qui entouraient le corps de soins si intelli-

1. *Chants orphiques*, 68 : de date incertaine. — Pensons au répertoire de nos cafés-concerts, rapprochons de cette poésie et des chansonnettes que la Grèce nous a léguées les refrains que Paris met en vogue. Quel saut dans le cloaque!

gents, savaient toutefois faire le sacrifice de leur vie : ils étaient beaux sans être efféminés, ce qui est facile dès qu'on ne veut, pour le corps, d'autre parure que la vigueur et la santé. Des exemples de leur intrépidité en face du danger et de la mort seraient aisés à trouver. Mais au lieu de rappeler Cynégire retenant un navire ennemi de la main droite, qui lui est coupée, puis de la gauche, qui lui est coupée aussi, puis des dents; au lieu de rappeler l'histoire plus connue encore des trois cents Spartiates mourant aux Thermopyles afin d'arrêter l'envahisseur, j'aime mieux citer quelques vers d'une autre de leurs chansons, d'un de leurs plus anciens poèmes où s'expriment à la fois leur vaillance et leur amour de la beauté : « Il est beau de mourir, tombant au premier rang, « en homme de courage, qui combat pour la « patrie. Mais loin de la ville et des campagnes « fécondes qui l'entourent, mendier errant, avec « une mère chérie, un vieux père, des enfants, « une jeune épouse, c'est la plus déplorable des « misères. Celui-là est importun à ceux qu'il « vient supplier..., il déshonore sa race, *il dé-« ment la noblesse de ses traits...* Combattons « avec courage pour cette terre, notre sol, et « mourons pour nos enfants sans épargner nos « âmes. Et vous, jeunes gens, combattez ferme « l'un à côté de l'autre; que nul de vous ne « donne l'exemple de la fuite honteuse ni de la « peur, mais plutôt, faites-vous un grand et

« vaillant cœur dans votre poitrine... Pour les
« anciens, les vieillards dont les genoux ne sont
« plus agiles, ne les abandonnez pas, ne fuyez
« pas, car il est honteux de voir tomber au pre-
« mier rang, devant les jeunes gens, un homme
« vieux qui a déjà la tête et la barbe blanches;
« il est honteux de le voir gisant, exhalant dans
« la poussière sa vaillante âme et serrant de ses
« mains sa plaie sanglante sur sa peau nue. Au
« contraire, tout convient aux jeunes, quand ils
« ont *la fleur éclatante de l'adolescence.* Admirés
« par les hommes, aimés par les femmes, ils
« sont *encore beaux* s'ils tombent au premier
« rang[1]. »

La joie de vivre que cette race vaillante et saine dut, avant tout, aux soins qu'elle prenait du corps, lui inspira les œuvres lumineuses, fécondes, moralisatrices par lesquelles, pour la félicité du monde, se manifesta pendant plus de dix siècles (d'Homère à Lucien) son inépuisable vitalité. Moins soigneux du corps, moins épris de l'existence, le peuple grec n'aurait pas eu cette allégresse, cette surabondance de sève, cet épanouissement puissant et pourtant mesuré de toutes les facultés de l'esprit, de toutes les énergies de l'âme, qui firent de cette poignée d'artistes et de poètes, de navigateurs et de guerriers, les

1. Tyrtée, poète du 7e siècle avant Jésus-Christ. Des Français ont eu aussi ce sentiment très vif de la beauté, André Chénier, A. de Musset : « La beauté sur la terre est la chose suprême. » (*Après une lecture* : 8); l'anglais Ruskin, etc.

initiateurs et les sauveurs du monde occidental. Trois fois, depuis qu'on en connaît l'histoire, l'Europe a failli être submergée sous la barbarie, trois fois la Grèce l'a retirée de l'abîme : en 480 avant Jésus-Christ, quand Salamine arrêta l'invasion des Perses; en 240 avant Jésus-Christ, quand Livius Andronicus révéla la poésie grecque aux Romains farouches et grossiers; en 1543 après Jésus-Christ, quand les marbres grecs, jusqu'alors enfouis sous les décombres, et les manuscrits grecs, oubliés dans les monastères, revirent le jour et que l'antiquité retrouvée fit renaître le monde. Si le moyen âge même a eu, dans ses ténèbres, quelques lueurs, c'est parce qu'Arabes et Chrétiens y suivirent les enseignements d'un Grec du IVe siècle avant notre ère, Aristote, le fondateur de la méthode d'observation et d'analyse, c'est-à-dire des plus rigoureux procédés de la science.

Enfin, ce qu'il est bon de faire ressortir afin de rassurer ceux qui craignent que les soins donnés au corps acheminent au plus grossier matérialisme, cette race qui eut un tel culte pour la beauté et la santé, c'est-à-dire pour la chair, la terre et toutes les choses qui sont parfois jugées avilissantes et méprisables, cette race disons-nous ne fut nullement enfoncée dans les jouissances matérielles, ni en proie aux appétits brutaux, à la sensualité. « Le Grec vivait de trois olives, d'une gousse d'ail, d'une tête de sardine; pour tout vêtement, il avait des sandales, une demi-chemise, un gros manteau comme celui des pâtres. Sa maison était une bâtisse étroite, mal maçonnée, peu solide; les voleurs entraient en perçant le mur; on y dormait, c'était là son principal usage; un lit, deux ou trois belles amphores, voilà les principaux meubles. Le citoyen n'avait pas de besoins et passait la journée en plein air.[1] »

Ainsi sobre, délicat, mesuré, l'Hellène, qui eut toujours « de la raison dans l'imagination, de l'esprit dans le sentiment, de la réflexion dans la passion », fut le plus idéaliste des peuples. Nul n'a plus contribué à étendre, à épurer, à pondérer l'esprit humain, à élargir, élever, attendrir le cœur humain, que ces adorateurs du corps humain. Passons une revue rapide des arts qui ennoblissent la vie moderne, ou des sciences qui ont assuré la victoire de l'esprit sur la matière, nous trouverons inévitablement à l'origine de ces sciences ou de ces arts une légende grecque, un nom grec, un chef-d'œuvre grec : la poésie est fille d'Homère, l'histoire d'Hérodote, la tragédie de Thespis, la philosophie de Thalès, la sculpture de Dédale, l'arithmétique de Pythagore, la géométrie d'Euclide, la mécanique d'Archimède, la médecine d'Hippocrate...; nos musées sont pleins de leurs marbres, nos bibliothèques de leurs écrits, notre intelligence de leur clarté

1. Taine, *Philosophie de l'Art*, tome I, page 74; tout l'ouvrage est à lire. (Hachette et Cie, édit.)

et nos croyances de leur âme. « Je savais bien que la Grèce avait créé la science, l'art, la philosophie, la civilisation, dit Renan, mais quand je vis l'Acropole j'eus la révélation du divin. [1] »

C'est de l'infernal que nous aurions la révélation si nous allions voir le moyen âge, c'est-à-dire « cette époque où, après cinq ou six siècles de décadence, de dépopulation, d'invasions étrangères, de famines, de pestes, de misères de toute sorte, les hommes perdirent le courage et l'espérance et considérèrent la vie comme un mal. [2]»

Dans cette ténébreuse période, sur laquelle il n'y a nul plaisir à insister, on ne relèvera que ce qui nous intéresse présentement.

La sereine acceptation de notre condition terrestre a disparu ; le développement harmonieux de l'Hellène, qui cultivait à la fois et l'un par l'autre, l'âme, l'esprit et le corps, a fait place à un affreux conflit : l'esprit ayant horreur du corps, engage contre lui à coups d'outrages et de mortification, une lutte dont il sort vainqueur très rarement. Une pièce de V. Hugo peint ce duel d'une manière peut-être un peu trop appuyée, mais par cela même plus expressive que le cantique de Racine : « *Mon Dieu, quelle guerre*

1. *Souvenirs d'Enfance et de Jeunesse*, page 60; voir aussi son *Saint-Paul*, page 202. L'Acropole est la citadelle d'Athènes; c'est là que se trouvent les plus belles ruines de ses plus beaux monuments.

2. Taine, *Philosophie de l'Art*, page 63.

cruelle... [1] » qu'il serait pourtant instructif de lire et de méditer afin de mieux comprendre l'état d'âme de nos ancêtres du XVIIe siècle.

Homo duplex (dualité de l'homme.)

Un jour, le duc Berthold, neveu du comte Hugo,
Marquis du Rhin, seigneur de Fribourg en Brisgau,
Traversait en chassant la forêt de Thuringe.
Il vit, sous un grand arbre, un ange auprès d'un singe.
Ces deux êtres, pareils à des lutteurs grondants,
Se regardaient l'un l'autre avec des yeux ardents;
Le singe ouvrait sa griffe et l'ange ouvrait son aile.
Et l'ange dit : « Berthold de Zœhringen, qu'appelle
Dans la verte forêt le bruit joyeux des cors,
Tu vois ici ton âme à côté de ton corps,
Écoute; moi je suis ton esprit, lui ta bête.
Chacun de tes péchés lui fait lever la tête;
Chaque bonne action que tu fais me grandit.
Tant que tu vis, je lutte et j'étreins ce bandit;
A ta mort tout finit dans l'ombre ou dans l'aurore,
Car c'est moi qui t'enlève ou lui qui te dévore [2].

Un singe, une bête malfaisante, voilà bien ce

1. *Cantique III*, « Plainte d'un Chrétien sur les contrariétés qu'il éprouve au-dedans de lui-même. » C'est un cri de détresse poussé par un croyant vers le dieu qui peut le secourir; la troisième strophe pose avec force le conflit :

Hélás! en guerre avec moi-même,
Où pourrai-je trouver la paix?
Je veux; mais (ô misère extrême)
Je ne fais pas le bien que j'aime,
Et je fais le mal que je hais.

Il fait le mal, non pas par ignorance, mais par lâcheté, et c'est ce qui le désespère.

2. *Légende des Siècles*, XVII.

que pour l'homme du moyen âge est le corps, c'est-à-dire l'homme lui-même; aussi nous allons voir comment il traite son prochain et ce que devient alors l'Europe désolée par cette folie dont Montaigne a dit : « de nos maladies, la plus sauvage c'est mépriser notre être ».

« Au moyen âge sévirent des maladies qui ont disparu depuis, et celles qui subsistent encore y atteignirent une violence inouïe. Alors on ignorait ou l'on négligeait les principes les plus élémentaires de l'hygiène; le paysan vivait sur le fumier pêle-mêle avec le bétail; ... le citadin vivait au milieu de la puanteur des rues étroites. Le clergé, *en prêchant le mépris du corps*, encourageait indirectement à en négliger les soins les plus essentiels. Jusque vers le milieu du XIVe siècle les tissus de chanvre et de lin étaient peu en usage, même dans les classes supérieures; or les tissus de laine, en contact direct avec la peau, l'irritaient... Au Xe et XIe siècles sévit le *mal des ardents*, scorbut ou gangrène d'un caractère épidémique qui détachait, articulation par articulation, les membres du corps. Les ulcères, les dartres, la teigne, la gale, la pellagre ou mal de misère, étaient fréquents. La pauvreté du sang multipliait les scrofules ou écrouelles. La lèpre, qui commença avec les premières croisades, mais qui ensuite se développa énormément, dura pendant tout le moyen âge;... les maladies nerveuses surexcitées par la terreur des guerres, par le spectacle des supplices, par la peur du diable et de l'enfer, par l'isolement et l'ennui de la vie de cloître et de château, se multiplièrent. On eut la chorée épidémique, qui s'emparait de populations entières et les entraînait dans une ronde éperdue ; les épilepsies fréquentes, où l'on voyait une possession du diable ; la lypémanie ou tristesse noire; la lycanthropie, folie de ceux qui se croyaient changés en loups et qu'on appelait loups-garous ; la démonomanie, qui fit croire à des milliers de malheureux qu'ils étaient en commerce avec le démon ; la manie des flagellants ; les hallucinations, qu'on prenait pour des visions. La petite vérole, pour la première fois, apparut en Gaule au VIe siècle..., la peste d'Orient, ou peste à bubons, se manifesta vers 540. La peste noire parcourut, au XVIe siècle, l'Europe entière et y enleva une grande partie de la population. Au XVe siècle apparaissent la coqueluche qui, en 1414 tua surtout les personnes âgées, et la suette anglaise...[1] »

Détail plus horrible : en ces temps on n'enterrait guère, on jetait les morts au « charnier » ou, le mot est plus expressif, au « pourrissoir » ; c'étaient des citernes mal cimentées, mal fermées, où nus et pêle-mêle les cadavres se décomposaient presque à l'air libre, répandant l'infection, tuant les vivants. Les cimetières ne

1. Rambaud, *Histoire de la Civilisation*, I, p. 375.

valaient pas beaucoup mieux : « Celui des Innocents à Paris regorgeait à tel point de cadavres que son niveau dépassait de huit pieds le niveau de la rue; on y déterrait les morts pour faire place à d'autres avant que le travail de décomposition fût achevé; on entassait dans les charniers de l'enclos les os encore en état de putréfaction... On mangeait, on buvait dans les cimetières. C'étaient dans les grandes villes des lieux de promenade et de rendez-vous... [1] ». Quel recul, si nous songeons au bûcher grec, où, sur le feu qui purifie tout, parmi l'encens et les aromates, le cadavre se réduisait en cendres, les germes de mort se détruisaient, la maladie était anéantie avec le cadavre !

Malsaines de corps et d'esprit, donc condamnées à être malheureuses, ces populations furent méchantes diaboliquement; qui souffre aime souvent à voir souffrir. « Les chefs se battaient entre eux, pillaient les paysans, brûlaient les récoltes, détroussaient les marchands, volaient et maltraitaient à plaisir leurs misérables serfs. [2] » Ce fut l'âge de la torture et de l'inquisition, de l'estrapade, de la question, du pilori, du billot, de la potence, du bûcher; nos musées conservent des carcans, des brodequins, des instruments à marquer, tenailler, rouer, perfectionnés

1. Rambaud, *Op. cit.* I, p. 453.
2. Taine, *Phil. de l'art*, I, p. 88.

par des générations de tortionnaires et des dynasties de bourreaux.

Sous les fléaux du moyen âge, guerre, peste, famine[1], ignorance, superstition, etc., c'est miracle que la race blanche d'Europe n'ait point succombé ! Les chiffres que pour le xve siècle donnent les statistiques sont effrayants ; en ce temps-là la vie moyenne était de dix-huit ans, la vie probable de cinq ans, c'est-à-dire que sur cent enfants nés le même jour, au bout de cinq ans il n'en restait plus que cinquante. Et le xve siècle n'est pas le plus sombre.

Ne semble-t-il pas étrange que l'homme, en tout temps, en tout lieu, n'ait pas eu pour son corps, pour lui-même, l'attentive sollicitude du Grec ?

Je ne veux pas entrer dans des considérations qui nous éloigneraient de notre sujet, et parler en détail de la race, du pays, de la croyance. Cependant il faut bien dire ceci : nos ancêtres ont été moins agissants que les Grecs, et rien n'est pernicieux au corps comme la paresse et l'inaction ; vivant sous un ciel moins clément, dans des pays plus unis et plus ouverts, dans des temps plus troublés et plus cruels, ils ont dû

1. « Au xie siècle sur soixante et dix ans on compte quarante années de famine. Un moine, Raoul Glaber, raconte qu'il était passé en usage de manger de la chair humaine... On était arrivé aux mœurs des anthropophages de la Nouvelle-Zélande, à l'abrutissement ignoble des Calédoniens et des Papous, au plus bas fond du cloaque humain. » Taine, *Phil. de l'art*, I, p. 89.

s'enfermer derrière des murailles, et rien n'est pernicieux au corps comme de le priver d'eau vive et de grand air; plus grossiers, plus sensuels, ils ne savaient pas goûter avec modération les plaisirs que le corps procure jusque dans la vieillesse à ceux qui le ménagent, et rien n'est pernicieux à notre organisme comme les excès ; or, le moyen âge fut également un temps de ripailles, de goinfreries et de saturnales. Tenons compte aussi de la croyance que nous avons indiquée plus haut en citant l'*Homo duplex* de V. Hugo : l'homme est double, ange par l'esprit, bête par le corps; pour purifier l'esprit et l'affranchir de la chair, pour augmenter à la fois la puissance et le mérite de cette partie supérieure, les souffrances infligées au corps paraissaient un merveilleux procédé; les maladies, les infirmités étaient, pensait-on, envoyées par la divinité à ceux dont elle voulait le bonheur: il eût été mal à l'homme de se défendre contre ces épreuves profitables; il devait les accepter, mieux, les appeler, les rechercher. Nous retrouvons ces idées jusqu'en plein XVIIe siècle, chez Pascal, dans le passage où il nomme la maladie « l'état naturel du chrétien » et dans celui où il considère comme un instrument de perdition le balai, parce qu'en entretenant quelque propreté autour de nous il sert à procurer un peu de bien-être à notre corps.[1]

1. *Vie de Pascal* par sa sœur, Havet, I, p. XC; *Lettres* de Jacque-

A la décharge de ces siècles d'ignorance on pourrait dire que le corps est une machine d'une complication extrême. Notre squelette compte plus de deux cents os, notre chair plus de cinq cents muscles, plus de deux millions de glandes ; les canaux qui la sillonnent, mis bout à bout, auraient plus de quinze kilomètres de longueur. Tout cela échappe même aux plus clairvoyants : les Grecs, pourtant si curieux et si subtils, n'en avaient entrevu presque rien ; pour que le mystère du corps fût pénétré, il a fallu d'abord qu'un André Vésale recueillît à Montfaucon les os des suppliciés, disséquât les cadavres ; il a fallu surtout qu'un Swammerdam inventât, perfectionnât le microscope et que les savants apprissent à se servir de cette clé magique qui, aux modernes, a ouvert enfin le monde de l'infiniment petit.

Aujourd'hui que la Renaissance a rappris à l'humanité les secrets de la civilisation et lui a rendu le goût de vivre, nous serions sans excuse, non seulement si nous n'arrivions à égaler les anciens, mais si nous ne les avions bientôt dépassés dans l'art de soigner le corps humain. Nous le pouvons ; la preuve en est dans les résultats vraiment miraculeux que, en dépit de la

line Pascal, 1er déc. 1655; ce mépris du corps n'est point particulier à ce malade de génie ; il était si répandu que Molière, défenseur du bon sens et de la nature, dut l'attaquer. (Voir *Femmes savantes*, v. 539.)

paresse, de la routine, de l'hostilité de la majorité des hommes, la science moderne a déjà obtenus. L'on a vu par les chiffres cités plus haut que la vie probable au xve siècle était de cinq ans, la vie moyenne de dix-huit ans; au milieu du siècle qui finit, en 1851, les statistiques nous donnent pour la vie probable quarante-six ans, pour la vie moyenne trente-neuf ans; et depuis lors les progrès ont continué. C'est à l'hygiène principalement qu'ils sont dus.

II. — Qu'il est indispensable de soigner le corps; que les soins que nous en prenons nous sont payés en santé, en force physique et intellectuelle, en bien-être, en durée et par suite en bonheur, cela est donc suffisamment démontré. Il s'agit maintenant de marquer dans quel esprit il convient de soigner le corps, puis d'indiquer les moyens les plus simples et les plus sûrs de le bien soigner.

Ce n'est certes pas pour flatter les sens et leurs mauvaises inclinations qu'il faut soigner le corps, ni uniquement pour l'embellir et le fortifier : c'est pour se mettre en état de remplir plus aisément et plus pleinement les devoirs du père de famille et du citoyen, de vivre une vie plus noble, plus utile, plus féconde, plus humaine.

Il le faut soigner non pour lui-même, mais en vue des services qu'il nous rend, parce que nous sommes assurés d'avoir l'esprit plus lucide, le cœur plus chaud, l'âme plus saine et plus ferme, si notre constitution est robuste et saine. Le corps est notre outil; or qui ne sait que l'outil nettoyé chaque jour, réparé, entretenu, dure plus longtemps et sert mieux? En voyant des outils mal soignés que pense-t-on du propriétaire? sinon qu'il est un mauvais ouvrier. O les mauvais hommes, les mauvais pères, les mauvais citoyens qui laissent se détériorer l'outil de la vie!

Le premier des soins que le corps réclame et qui, à lui seul, suffit à l'entretenir en santé, c'est la propreté.

A ce sujet disons une fois pour toutes que, malgré nos prétentions, nous ne sommes guère en progrès sur nos ancêtres, les barbares du moyen âge. Notre pays n'a pas encore rompu avec les vieilles habitudes de malpropreté dont nous avons exposé les conséquences cruelles. Et, chose étrange, c'est la partie de la France que les Romains avaient jadis couverte d'aqueducs, de bains froids et de bains chauds, qui, aujourd'hui se baigne le moins, se lave le plus sommairement. Sans doute l'école primaire a réformé un peu ces habitudes; mais parmi les vieilles gens (et les jeunes aussi), il en est encore et plus particulièrement, dit-on, dans les campagnes du Midi, qui ne se débarbouillent qu'avec le coin du mouchoir mouillé de salive.

Ce procédé économique et expéditif, quiconque

veut se bien porter, doit l'abandonner. Il faut se laver à grande eau, avec du savon, et non pas seulement les jours de fêtes et les dimanches, mais tous les jours et plusieurs fois par jour; il faut se laver non pas seulement les mains et la figure, mais tout le corps, la tête comprise, et les pieds, et la bouche.

Voici les ustensiles de toilette et les ingrédients que tous, riches ou pauvres, nous devons posséder : du bon gros linge; quelques torchons en serpillière ; — une éponge rude, de ces éponges que les droguistes vendent pour les voitures ou le ménage; — une brosse à dents; — un gant de crin ; — de l'acide borique en paillettes; — du coton hydrophile ; — du chlorure de chaux ; — un tub ; — du savon de Marseille, dur, marbré ou non, mais non pas de ces mauvaises savonnettes coloriées et parfumées qui sont plus chères et ne valent pas, au point de vue hygiénique, le vulgaire savon de cuisine.

Traçons le programme de la journée pour un homme qui veut se tenir propre.

Le matin, au saut du lit, le « tub ». Le mot est anglais, se prononce « teub », signifie : baquet, cuve. C'est en effet un grand bassin plat à rebords, en métal. On se place debout et nu au milieu du bassin pour s'éponger rapidement à l'eau froide. On commence par la figure et la tête, cheveux, oreilles, nuque, cou; puis les bras, puis le tronc, la poitrine et l'échine, le ventre, les reins, les cuisses, les jambes et les pieds. On passe l'éponge au plus deux ou trois fois au même endroit. L'opération dure environ cinq minutes. Aussitôt après on s'essuie fortement avec un linge bien sec et rude et l'on s'habille. On peut aussi, d'après le procédé de l'abbé Kneipp, remplacer l'éponge par la serpillière, se frotter vigoureusement tout le corps, comme il a été dit, avec la serpillière, trempée dans l'eau et savonnée, puis, sans se sécher, se remettre au lit pour quelques minutes; ou s'habiller immédiatement tout mouillé, été comme hiver. En hiver, il est bon que l'eau dont on se servira ait séjourné dans la chambre, afin qu'elle en ait pris la température[1]. On peut confectionner soi-même un tub bon marché avec une planchette d'un mètre carré, revêtue d'une toile cirée dont on a cousu sur quelques centimètres les bords aux quatre angles, afin de la transformer en cuvette; on peut se servir aussi d'un baquet ou d'une grande terrine[2].

Les personnes auxquelles le médecin interdirait les lotions à l'eau froide se contenteront d'une friction au gant de crin par tout le corps. Remarquez que ce gant répond au strigile grec; comme

1. Ne pas boire de cette eau : elle a absorbé des gaz malfaisants, principalement de l'ammoniaque; elle a contribué à assainir la chambre, donc elle s'est souillée.

2. Dans les villes où sont installés des bains-douches à bon marché, il faut user de ce lavage si simple, si expéditif et si bienfaisant. Voir *La santé, la propreté et les bains-douches au point de vue hygiénique et social*, par le docteur Carrière (J.-B. Baillière et fils, éditeurs.)

le strigile, il nettoie et fortifie. La peau, en vingt-quatre heures exhale de mille à quinze cents grammes de sueur qui, en s'évaporant, laisse déposer un résidu solide de sels et de matières grasses, auxquels se mêlent les poussières qui sont dans l'air, les débris impalpables de la désagrégation de l'épiderme, qui sans cesse meurt et se renouvelle, les microbes, etc... Toutes ces impuretés sont enlevées par le gant de crin. Quant aux autres bienfaits de la friction, qui active la circulation du sang, excite la sensibilité, augmente l'énergie vitale, on pourra les trouver expliqués très sommairement dans la *Rhétorique du Peuple* (chap. de l'*Orateur*), et en détail dans le livre de M. le docteur Maurice de Fleury[1].

Après le repas : se rincer la bouche à l'eau tiède et se brosser les dents. (Acheter des brosses de bonne qualité, du prix de 1 fr. ou 0 fr. 50, dont les poils ne se détachent pas.) Le dentifrice le meilleur et le plus économique sera encore le savon de Marseille[2].

Le soir, avant de se mettre au lit, de nouveau se nettoyer la bouche ; se brosser la tête, se laver les mains à l'eau froide et la figure à l'eau chaude.

On se peignera, on se brossera la tête tous les

1. *Introduction à la Médecine de l'esprit* (F. Alcan, éditeur).

2. Dr Labonne, *Comment on défend sa bouche* (Paris, Société d'éditions scientifiques, 4, rue Antoine Dubois).

matins; on la lavera à l'eau tiède et au savon environ tous les huit jours. Quand on reviendra de chez le coiffeur, il sera prudent de se laver avec une solution antiseptique [1].

Un bon antiseptique, d'un prix insignifiant est le chlorure de chaux que vendent les pharmaciens et les épiciers. Pour obtenir de l'eau chlorurée, il suffit de mettre environ cent grammes de chlorure dans un litre d'eau. Agiter, laisser reposer, passer sur de l'ouate mise au fond d'un entonnoir de verre; vous obtenez ainsi un litre de solution antiseptique *forte* qu'il faut additionner de dix litres d'eau pour obtenir le liquide usuel. Cette solution très efficace vaut le sublimé. La seule précaution à prendre est de ne point la mettre dans des vases en métal non émaillés.

L'acide borique (30 grammes dans un litre d'eau bouillante) servira pour le lavage des yeux, avec un tampon de coton hydrophile trempé dans cette solution aussi chaude qu'on peut la supporter. Jeter le coton dès qu'on s'en est servi.

Dernière recommandation importante : s'acquitter de ces soins de propreté avec la plus scrupuleuse régularité ; il faut qu'ils deviennent une habitude, un besoin impérieux.

1. Mais pourquoi aller chez le coiffeur? Une tondeuse de 8 francs, maniée par un homme d'adresse moyenne lui permet de se couper les cheveux tout ras, en 20 minutes et le plus proprement du monde; ainsi plus de perte de temps pour aller, venir, attendre, subir la torture, plus de risques de pelade et autres maladies...

Dans un excellent petit livre, M. Marrot a résumé ainsi les soins qui assureront notre santé :

1. Fournir jour et nuit, en toutes saisons, de l'air pur à nos poumons;

2. Aspirer et respirer par le nez;

3. Donner le plus de lumière possible à nos demeures;

4. Veiller à la quantité et à la qualité de nos aliments;

5. Accepter notre appétit pour guide; ne jamais l'exciter ni le forcer;

6. N'avaler que des substances parfaitement triturées dans la bouche, et convenablement imprégnées de salive; (M. Gladstone disait : « Il faut mâcher vingt-cinq fois chaque morceau de viande).

7. Ne rien prendre entre nos repas;

8. Entretenir notre peau dans un état parfait de propreté;

9. Ne comprimer aucune partie de notre corps pour ne pas gêner la circulation du sang (avis aux jeunes filles qui se font la taille fine ou le pied mignon).

10. Donner à nos membres, en plein air, l'exercice et le travail quotidien qui leur sont indispensables;

11. Leur accorder le repos nécessaire;

12. Porter des vêtements légers, mais suffisants pour conserver la chaleur normale;

13. N'imposer à aucun organe d'autre tâche que celle qui lui incombe;

14. Obéir aux moindres avis que la nature nous donne par la voix de la douleur;

15. Rechercher la cause de cette douleur pour la faire disparaître[1].

Pour la nourriture, qui est une question capitale, il faut quelques mots de plus. Il est important de faire ses repas à des heures très régulières; si on fait deux repas par jour, il faut autant que possible les prendre à 7 ou 8 heures d'intervalle; si on en fait trois, il sera bon d'adopter la combinaison suivante :

petit déjeuner, à 8 heures. . . .	1/10	de la ration	quotidienne
déjeuner, à midi	5/10	—	—
dîner, à 7 heures du soir. . . .	4/10	—	—

Aux travailleurs qui se lèvent et se couchent de bonne heure, on recommande de faire le plus fort repas à midi; pour les personnes qui travaillent la nuit et se lèvent tard le repas principal pourra sans inconvénient être reporté au soir.

Une ménagère attentive devra pour le choix et la quantité des aliments, tenir compte du sexe, de l'âge, des occupations, des habitudes de ceux qu'elle nourrit, du climat, de la saison, etc.[2] Elle aura dans sa cuisine, une balance et

1. *Qui veut de la santé et du bonheur?* (Fischbacher, édit.)

2. « L'homme nourrit la femme, apporte chaque jour, comme l'oiseau des légendes, le pain de Dieu à sa bien-aimée solitaire. Et

pèsera tout ce qu'elle mettra dans le pot ou la casserole[1]. Pour la guider nous donnons les deux tableaux des rations de paix et des rations de guerre du soldat, qui en raison des marches, exercices, etc., peut être comparé à un ouvrier ou à un agriculteur :

Ration de paix.

750 gr. de pain de munition et 250 gr. de pain de soupe.

300 gr. de viande brute ou 180 gr. de viande désossée.

100 gr. de légumes frais (carottes, navets ou choux).

30 gr. de légumes secs (haricots ou lentilles) ou de riz.

5 gr. de sucre et 5 gr. de café.

Ration de guerre.

1000 gr. de pain ou 750 gr. de biscuit ou 750 gr. de pain de guerre.

400 gr. de viande fraîche brute ou 250 gr. de viande désossée, ou 250 gr. de bœuf salé, ou 200 gr. de viande de conserve ou 200 gr. de lard (la ration forte de campagne peut aller jusqu'à 500 gr. de viande fraîche).

la femme nourrit l'homme. A son besoin, à sa fatigue, à son tempérament connu elle approprie la nourriture, l'humanise par le feu, par le sel et par l'âme. Elle s'y mêle, y met le parfum de la main aimée. » Michelet, *l'Amour*, livre II, VI, p. 110.

1. Voir L'*Hygiène de la cuisine*, F. Alcan, édit., et le *Cours d'Économie domestique*, de Mlle Marchef-Girard, p. 27. (A. Picard et Kaan, éd.)

60 gr. de légumes secs ou de riz.
16 gr. de sel.
21 gr. de sucre et 16 gr. de café.
1/4 de litre de vin ou 1/16 de litre d'eau-de-vie, (laquelle eau-de-vie devra être remplacée, si la ménagère tient à la santé des siens, par de l'eau pure à volonté).

Revenons à ces esprits subtils dont au début de ce chapitre nous rapportions les ambitieuses et vaines aspirations.

« Vous vous êtes savonnés, rincés, brossés, diront-ils; votre ménagère a compté, pesé vos morceaux et vous les avez mâchés les vingt-cinq fois gladstoniennes, en êtes-vous plus heureux ? Le monde va-t-il plus droit, la vie est-elle moins rude et moins sombre, la destinée moins angoissante parce que vous avez augmenté la consommation du savon de Marseille? C'est au fond d'une cuvette que vous trouvez le bonheur ! C'est votre estomac qui vous fait tout voir en rose ! »

Eh ! cela est possible.

D'abord lorsque l'on vient de se doucher, ou de se frictionner au gant de crin, l'on est plus frais, plus dispos, plus joyeux; la poitrine élargie, les membres plus souples, les mouvements mieux rythmés et plus hardis, l'esprit plus clair, le cœur plus chaud, on a du courage, de la confiance, de l'allégresse.

N'y aurait-il là qu'une illusion, il serait fou,

comme cette illusion est douce, de se refuser à en jouir; mais attendu que c'est une réalité, il serait encore plus fou de mépriser ces quelques minutes de bien-être parce que la sensation est bien vulgaire ou parce qu'elle dure trop peu. Plus on croit la vie mauvaise, moins on doit mépriser les petits bonheurs qu'elle consent à nous offrir. Il y a des gens — ce sont les pessimistes et les raffinés dont nous parlons, gens dont les digestions sont pénibles, croyez-le bien — qui pour cueillir une fleur des champs refusent de se baisser. Il leur faut des brassées de roses, ou rien, de roses incarnat, parfumées et sans épines! Nous qui sommes plus accommodants, et qui savons que les bouquets ne poussent pas tout enrubannés, cent fois, mille fois s'il le faut, à chaque fleurette aperçue dans l'herbe, nous nous baissons. Longtemps au bout des doigts, nous n'avons que quelques fleurs; attendons. Petit à petit notre bouquet s'arrondit, bientôt nos deux mains tiennent une gerbe. Il en est ainsi du bonheur : il se fait brin à brin, fleur à fleur. Un jour, on cueille une pâquerette, un myosotis, une tige de folle avoine, le lendemain une pivoine éclatante ou un rameau de lilas; on se pique, on se déchire; parfois la main blessée laisse échapper sa moisson; mais de l'avoir un moment tenue elle reste parfumée...; et diligente, elle recommence sa cueillette.

Puis nous raisonnons trop volontiers comme

si nous étions seuls de par le monde, comme si notre bonheur était notre ouvrage exclusivement et n'importait qu'à nous. Est-ce que des gens malpropres, des habits souillés, des visages crasseux, des membres grêles ou déjetés sont un spectacle réjouissant? Le plaisir des yeux a son prix, une foule endimanchée est bonne à regarder. Si notre semblable est crotté ou cagneux, nous ne sommes guère flattés de la ressemblance, sa vue nous attriste et gâte notre félicité. De beaux hommes, clairs visages, membres vigoureux, font au contraire plaisir à coudoyer : nous qui voulons du bonheur et qui en cherchons partout, demandons à nos concitoyens de nous accorder celui-là, et rendons-leur la pareille!

Enfin, ce qui est plus grave, propreté, santé, sainteté sont trois biens qui étroitement se tiennent.

Il est inutile d'insister sur ce fait, aujourd'hui trop connu, que des milliers de microbes embusqués dans la bouche et le nez, logés aux pores de la peau guettent les occasions de nous faire du mal. Tant que tout fonctionne bien dans notre machine, ils restent inoffensifs[1]; à la moindre

1. Sur cent personnes bien portantes, cinquante recèlent dans les intestins de nombreux bacilles de fièvre typhoïde, soixante et quinze possèdent dans la bouche des pneumocoques, bacilles pathogènes de la fluxion de poitrine... Le rôle pathologique des microbes qui foisonnent autour de nous, sur nous et en nous, n'est pas encore élucidé. Les uns sont inoffensifs, les autres virulents et infectieux;

écorchure, ils pénètrent dans la chair, dans le sang, commencent les ravages, et voilà quelque grave maladie; au moindre refroidissement, à la moindre dépression, ils infectent la gorge, les poumons, les entrailles, et voilà une angine, une fluxion de poitrine, une fièvre. Se laver, se brosser, c'est noyer, c'est tuer, chasser ces hôtes dangereux; la propreté est bien la santé.

Elle est aussi la morale. L'hygiène tout entière est une sorte de morale. Un corps bien net et sain s'accommode mal d'un esprit ténébreux, d'une âme noire, d'un cœur déréglé. Alphonse Daudet, dans un de ses derniers ouvrages, prête à un gredin cette réflexion : « presque de la morale, une cravate blanche[1] ». Qui craint de salir ses vêtements, de souiller son corps, craint de souiller son âme; qui soigne le fourreau ne saurait laisser la rouille ronger le fer. Admettons que pour être propre un homme ne soit point aussitôt un saint; il est du moins actif et soigneux; rien qu'à le voir, on juge qu'il n'a aucun de ces deux défauts si répandus parmi nous : la paresse et la négligence; et c'est autant de pris sur l'imperfection.

Mais il se peut aussi que celui qui veille sur sa personne ait mieux encore que de l'ordre et de la diligence. Si vraiment, c'est par respect pour

les mêmes peuvent tour à tour être les deux. Dr Carrière, *Op. cit.*, p. 17.

1. *La lutte pour la vie*, acte 4, sc. 4.

son *humanité* qu'il entoure son corps de soins intelligents, qu'il compte ses morceaux et ménage son estomac, si c'est pour épargner à ses semblables la vue attristante ou le contact dangereux d'un être humain qui laisse se dégrader en lui la dignité, la beauté, la santé humaines; si c'est afin de mieux s'acquitter de ses devoirs envers la société, il se trouve que cet homme, parce qu'il est propre et bien portant, et veut l'être, est bon père et bon citoyen. Or, être bon père et bon citoyen c'est une sorte de sainteté très haute et enfin, tant que la société reste ce que nous la connaissons, c'est un des procédés les plus simples et les plus sûrs de parvenir au bonheur.

LECTURES

1. — L'hygiène et la morale.

Nous avons dit comment il est possible que l'homme ait des devoirs envers lui-même. Être libre, il peut orienter sa conduite comme il lui plaît, vers le bien ou vers le mal, imprimer telle ou telle direction à ses facultés.

Le premier devoir de l'homme envers lui-même est de se conserver. Il doit vivre, parce que la vie est la première condition du devoir, à moins qu'un devoir supérieur ne lui en commande d'en faire le sacrifice : tel est par exemple le cas du soldat en face de l'ennemi.

Se conserver, c'est donner à son corps la nourriture

suffisante, ne pas l'affaiblir ou le mutiler volontairement, éviter les causes de destruction et de maladie, se soigner quand on est malade. Le meilleur moyen d'entretenir la santé est d'observer les règles de l'hygiène. L'hygiène devient ainsi, comme le pensaient quelques anciens, une partie de la morale. Tout homme doit acquérir une connaissance au moins élémentaire de ces préceptes et les appliquer rigoureusement.

Un exercice modéré du corps, la promenade, la gymnastique, sont parmi les moyens les plus efficaces de conserver le corps sain et de le rendre vigoureux. Les anciens donnaient à la gymnastique, dans l'éducation, une importance qu'elle a malheureusement perdue de nos jours. Ils avaient compris que la vigueur physique est une condition de courage, qu'une intelligence lucide et prompte, une volonté énergique, une humeur enjouée, bienveillante, une disposition générale à regarder la vie comme un bien, à remplir allègrement toutes les obligations qu'elle impose, sont en grande partie la conséquence du bon état des organes. Une âme saine dans un corps sain, fut un de leurs dictons.

Ajoutons la vieillesse affranchie d'infirmités, capable de continuer les occupations et les devoirs de l'âge mûr, l'homme plus longtemps utile à lui-même et aux autres; la famille conservant, malgré les ans, un protecteur efficace, l'État, un bon citoyen; l'exemple salutaire d'une belle vie supportant sans fléchir le poids de près d'un siècle, — et l'on reconnaîtra que l'hygiène et la gymnastique, pratiquées avec méthode et persévérance, deviennent quelque chose comme des vertus.

L. Carrau : *De l'Éducation.* (A. Picard et Kaan éditeurs.)

2. — La Gymnastique.

Chez les Grecs, on exerçait les jeunes gens pour les concours publics et pour la guerre : d'une part, on leur apprenait à lancer le disque, à courir, à lutter; de l'autre à lancer le javelot, à manier l'épée et le bouclier, à monter à cheval. L'exercice le plus violent était le *pancrace*, où les combattants, nus et sans armes, étaient libres de tout faire pour remporter la victoire. C'était une combinaison de la boxe, de la lutte et du chausson ; il était même permis de mordre et de déchirer les chairs. Les Spartiates avaient interdit le *pancrace*, à cause de la honte que ressentait le vaincu à confesser sa défaite.

Tous les exercices propres à développer les muscles et que nous pratiquons dans nos gymnases étaient connus des Grecs. Ils s'y livraient tout nus: d'ailleurs c'était un mérite que d'avoir la peau brunie par le soleil. Avant leurs exercices, les Grecs s'oignaient d'huile, se frottaient de sable et se râclaient la peau avec un strigile...

C'était dans des établissements appelés *palestres* que les Grecs s'exerçaient à la lutte et au pugilat. A mesure que les exercices corporels se perfectionnaient, les *palestres*, qui n'étaient la plupart du temps que des aires à ciel ouvert, situées au bord d'un ruisseau et entourées de bouquets d'arbres, devinrent insuffisantes, on construisit des *gymnases*. Les plus simples de ces édifices se composaient d'une vaste cour ouverte, environnée de portiques à colonnes et flanquée de compartiments ouverts.

Dans la cour on s'exerçait à la course et au saut, on luttait dans les enceintes fermées. Certaines salles avaient des destinations spéciales: l'*éphébéion*, réservé aux jeunes gens; le *balanéion*, ou salle de bains; le *pyriatérion*, ou étuve ; l'*apodytérion*, ou vestiaire ; l'*élaiothérion*, ou salle où les lutteurs se faisaient frotter d'huile ; le *konistérion*, ou salle où on les saupoudrait de sable ; le *sphèristérion*, pour le jeu de paume. Enfin, les simples visiteurs se promenaient dans de longues avenues, ou dans le *xyste*, promenoir un peu élevé au-dessus de l'emplacement réservé aux lutteurs, et d'où l'on pouvait voir, à l'abri, leurs exercices.

F. GACHE, *Petit manuel d'archéologie grecque* (Klincksieck, éditeur), 1 fr. 50.

3. — La race et son génie.

Ce qui frappe tout d'abord dans la race hellénique, c'est la variété de ses aptitudes. Le vieux romain Juvénal relevait avec amertume, par la bouche d'Umbricius, la souplesse des Grecs de la décadence qui envahissaient Rome et s'y trouvaient bons pour tous les métiers. Sans prendre trop au sérieux cette boutade d'un poète satirique en colère, on ne peut nier qu'elle ne contienne une part de vérité. Ce que le Romain tournait en ridicule, Thucydide, si sérieux observateur, l'admirait chez les Athéniens de son temps ; et les Athéniens, en cela comme en beaucoup d'autres choses, étaient les plus Grecs de tous les Grecs. Aristote à son tour remarquait qu'en général les peuples européens, habitant des pays froids, avaient de l'énergie, mais peu de vivacité d'esprit ; les Asiatiques au contraire, habitant des pays chauds, de la vivacité d'esprit, mais peu d'énergie, tandis que les Grecs, grâce à leur climat tempéré, alliaient l'énergie du caractère à l'intelligence. Cet égal développement de facultés diverses a été la cause de l'heureux équilibre et de l'harmonie qu'on remarque dans les grandes œuvres de la littérature en Grèce comme dans celles de l'art. L'Hellène a toujours eu de la raison dans l'imagination, de l'esprit dans le sentiment, de la réflexion dans la passion. Jamais on ne le voit entraîné totalement d'un seul côté. Il a, pour ainsi dire, plusieurs facultés prêtes pour chaque chose, et c'est en les associant qu'il donne à ses créations leur véritable caractère.

Par là aussi, il est en contact, de mille manières à la fois, avec la nature et avec ses semblables. Les races lourdes et lentes ne sont capables — à l'origine du moins et avant l'éducation — que d'un nombre restreint d'impressions monotones qui donnent à leurs idées quelque chose de solide. Elles pensent peu, elles imaginent peu ; les pensées sont bien assises et leurs conceptions semblent inflexibles. Les Grecs, race éveillée, active, se comportent tout autrement. D'innombrables impressions se forment sans cesse en eux. La nature leur parle un langage infiniment varié, toujours écouté et toujours nouveau. Ils s'intéressent non seulement à ses grands phénomènes, mais aussi à ses aspects changeants, aux nuances délicates et fugitives de sa vie éternelle. Et ce n'est pas là le privilège de l'Ionien d'Asie Mineure, ni de l'habitant de l'Attique ; ce n'est pas même celui des populations riveraines de la mer, qui associent la vie du pêcheur ou du marchand à celle du cultivateur. Le laboureur béotien ou locrien, tel que nous le voyons dans les *Travaux* d'Hésiode, celui qui travaille durement dans le pays d'Ascra « froid en hiver et brûlant en été », celui-là même a des impressions d'une vivacité surprenante, et, pour ainsi dire, mille visions si légères et si transparentes que la gaieté ou la tristesse des choses se révèlent au travers. Le cri des oiseaux de passage, l'appel strident de la cigale, la floraison du chardon, toutes ces menues choses familières le touchent comme les propos à la fois mystérieux et précis d'autant d'âmes obscures voisines de la sienne. Voilà pourquoi tous les Grecs partout ont peuplé le monde de dieux, qui ne sont pas des noms ni des puissances inconnues, mais des êtres vivants, presque familiers. En transformant ainsi la nature, ils lui ont seulement rendu ce qu'elle leur donnait. La vie du dehors était venue à eux pleine d'images et de sensations, elle sortait d'eux et elle retournait aux choses pleine de dieux.

Et si le spectacle du monde les a ainsi émus, enchantés et instruits, celui de l'homme ne leur a pas été moins profitable. Le Grec est éminemment sociable. Il recherche joyeusement son semblable, parce qu'il a beaucoup à lui donner et à recevoir de lui, et que cet échange est pour lui un des plaisirs les plus vifs. Hésiode, qu'on aime à citer comme le plus ancien témoin de la vie populaire, recommande au paysan laborieux de passer devant la forge et la *lesché* (lieu de réunion ou de conversation) sans s'y arrêter. C'est là que l'on cause longuement en hiver, et il sait combien la tentation d'entrer est forte. Ce ne sont pas les séductions grossières, le vin, la débauche, qu'il craint pour son laboureur ; ce sont les séductions qu'on pourrait appeler délicates, celles de l'esprit plus que celles des sens. L'âme hellénique, en général, est trop ouverte, trop accessible de tous côtés, pour s'enfermer dans une passion sombre et dominante. De là cette grande et précoce expérience de la vie qui se fait remarquer déjà dans les plus anciennes poésies épiques. L'homme s'y montre plein de contrastes, avec des nuances inattendues de sentiments et d'idées, avec des péripéties de passion qui sont admirables ; il s'y plie à tous les rôles et s'adapte à toutes les situations ; il est chef ou sujet, soumis ou révolté, il est père, époux, fils, ami ou ennemi, le tout non seulement avec naturel et convenance, mais avec une variété profonde. Le jeu des facultés humaines n'a peut-être été dans aucune autre race aussi libre, aussi prompt, aussi étendu.

C'est à cela sans doute qu'il faut attribuer une des plus remarquables qualités de la race grecque, sa vive et inépuisable curiosité, qui se manifeste de tant de manières dans tout ce qu'elle a créé. En fait de sciences naturelles ou morales, d'histoire, de géographie, de philosophie, de mathématiques, les Grecs ont été des curieux dans le meilleur sens du mot, et c'est ainsi qu'ils ont posé les premiers presque tous les grands problèmes et inauguré presque toutes les bonnes méthodes. L'énigme, sous quelque forme qu'elle s'offrît à eux, les a toujours tentés, celle du monde particulièrement. Partout, ils ont voulu voir et connaître. Ce besoin d'interroger tout ce qui peut répondre éclate chez les premiers philosophes physiciens de l'Ionie ; il s'exprime avec une naïveté et une grandeur merveilleuses dans tout l'ouvrage d'Hérodote, si profondément hellénique ; et dans l'histoire de toutes les sciences, il reste comme une des gloires de l'école péripatéticienne, qui a ouvert tant de routes à la recherche et attaché tant d'honneur à la connaissance. Dans la poésie même, cette disposition d'esprit se révèle dès la plus haute antiquité. C'était un des charmes de l'*Odyssée* pour ses premiers auditeurs que ces descriptions qui découvraient à leurs esprits curieux tant de choses lointaines et inconnues. Les deux grands poèmes primitifs de la Grèce sont en un sens deux révélations : l'*Iliade* fait apparaître le fond de la nature humaine, et l'*Odyssée* laisse apercevoir l'immensité du monde.

MAURICE CROISET, *Histoire de la littérature grecque*, t. I, 2e édition (A. Fontemoing, éditeur), 8 fr.

4. — Le moyen âge.

L'empire romain énervé et dépeuplé n'eut plus assez d'hommes ni d'énergie pour repousser les Barbares. Leur flot entra, crevant les digues, et, après le premier flot, un autre, puis encore un autre, et ainsi de suite pendant cinq cents ans. Le mal qu'ils firent ne peut pas se peindre : peuples exterminés, monuments détruits, champs dévastés, villes incendiées, industrie, beaux-arts et sciences mutilés, dégradés, oubliés, la crainte, l'ignorance et la brutalité partout répandues et établies ; c'étaient des sauvages, comme les Hurons ou les Iroquois, campés tout d'un coup au milieu d'un monde cultivé et pensant comme le nôtre. Figurez-vous une bande de taureaux lâchés parmi les meubles et les tentures d'un palais, après cette bande une autre, en sorte que les débris laissés par la première périssent sous les sabots de la seconde, et qu'à peine installé dans son désordre chaque troupeau de brutes doit se relever pour heurter de ses cornes un troupeau mugissant d'envahisseurs inassouvis. Lorsqu'enfin au xe siècle, la dernière bande eut trouvé sa litière et fait sa bauge, la condition des hommes ne parut pas devenir meilleure. Les chefs barbares, devenus châtelains féodaux, se battaient entre eux, pillaient les paysans, brûlaient les récoltes, détroussaient les marchands, volaient et maltraitaient à plaisir leurs misérables serfs. Les terres restaient en friche et les vivres manquaient. Au xie siècle, sur soixante-dix ans, on compte quarante années de famine. Un moine, Raoul Glaber, raconte qu'il était passé en usage de manger de la chair humaine... Ajoutez que dans la saleté et la misère universelle, par l'oubli des règles les plus ordinaires de l'hygiène, les pestes, la lèpre, les épidémies s'étaient acclimatées comme sur leur terrain. On en était arrivé aux mœurs des anthropophages de la Nouvelle-Zélande, à l'abrutissement ignoble des Calédoniens et des Papous, au plus bas fond du cloaque humain, puisque le souvenir du passé empirait la misère présente, et que les quelques têtes pensantes qui lisaient encore l'ancienne langue sentaient obscurément l'immensité de la chute et toute la profondeur de l'abîme dans lequel le genre humain s'enfonçait depuis mille ans.

Vous devinez les sentiments qu'un pareil état de choses, si prolongé et si violent, avait implantés dans ces âmes. C'était d'abord l'abattement, le dégoût de la vie, la mélancolie noire. « Le monde, disait un écrivain du temps, n'est plus qu'un abîme de méchanceté et d'impudicité. » La vie semblait un enfer anticipé. Quantité de gens s'en retiraient, et non seulement des pauvres, des faibles, des femmes, mais des seigneurs souverains et jusqu'à des rois... D'autre part, en même temps que la terreur et le découragement, on vit naître l'exaltation nerveuse. Quand les hommes sont trop malheureux, ils deviennent excitables, comme les malades et les prisonniers... Le dégoût du monde et l'aptitude à l'extase, le désespoir habituel et les besoins infinis de tendresse poussent naturellement les hommes vers une doctrine qui représente la terre comme une vallée de larmes, la vie présente comme une épreuve, le ravissement en Dieu comme le bonheur suprême, l'amour de Dieu comme le premier devoir. La sensibilité endolorie ou frémissante trouve son aliment dans l'infini de la terreur et dans l'infini de l'espérance.

TAINE, *Philosophie de l'Art*, t. I (Hachette et Cie, éditeurs).

5. — La propreté en France au temps jadis.

Au retour des Croisades, les Chrétiens rapportèrent de l'Orient l'usage des bains d'étuves. De là le grand nombre de bains d'étuves que nous voyons à Paris dès le XIIe siècle et qui ont donné leur nom à tant de rues et d'impasses. Les étuvistes donnaient aussi quelques soins de toilette, ce qui amena une fusion entre eux et les barbiers. Mais le défaut de concurrence détermina une telle élévation des prix que ces bains n'étaient abordables qu'à quelques rares privilégiés...

« On se détourna pour divers motifs des saines pratiques de la balnéation et une ère nouvelle de malpropreté s'ouvrit pendant plusieurs siècles...

« On raconte que la reine Marguerite de Navarre, montrant ses mains à un de ses familiers, lui disait sérieusement : « Voyez les belles mains. Bien soit que je ne les aye point décrassées depuis huit jours, gageons qu'elles effacent les vôtres. »

Erasme, dans sa *Civilité puérile*, résumait ses ordonnances de propreté, en ces conseils sommaires : « Se laver le visage le matin dans de l'eau fraîche est aussi propre que salutaire ; le faire plus souvent est inutile. »

Un peu plus tard, Montaigne assurait : « Que nous encourons nos légères incommodités en notre santé pour avoir perdu la coutume du bain, ce qui fait nos membres encroûtés et nos pores étoupés de crasse. »

En 1780, on ne comptait à Paris, pas plus de huit ou dix établissements, possédant en tout 250 baignoires. « La destruction des maîtrises et des jurandes, en 1791, la liberté de l'industrie proclamée par la Révolution française, eurent pour résultat la création de nouveaux établissements dus à l'initiative individuelle. En 1816, le nombre des baignoires s'élevait à cinq cents, en 1831 à treize cent soixante et quatorze. En 1852 on comptait 5 958 baignoires tant fixes que mobiles. Depuis lors, les établissements ont continué à se multiplier. »

DOCTEUR G. CARRIÈRE, *La santé, la propreté et les bains-douches* (J.-B. Baillière et fils, éditeurs), 3 fr.

6. — Les divers procédés balnéaires.

L'ablution, qui se pratique à l'aide d'une éponge ou d'un linge imbibés d'eau froide ou chaude, selon qu'on recherche la propreté ou une action tonique, est le plus simple et le plus commode de tous les procédés hydriatiques ; elle est applicable partout, ne demande nul déplacement, ni perte de temps, ni débours appréciable.

On devrait chaque jour, ou une fois au moins par semaine, faire une ablution hygiénique du corps, avec de l'eau froide l'été, tiède l'hiver.

La *lotion* vient en second lieu : le sujet se place au centre d'un *tub* ou bassin en zinc, et, armé d'une grosse éponge, lotionne le corps de bas en haut, en exprimant plusieurs fois l'éponge et successivement sur les membres inférieurs, les bras, la poitrine, le dos, sur la nuque et le sternum. On s'essuie au drap sec. La durée ne doit pas excéder deux minutes.

C'est un procédé d'un incontestable avantage hygiénique et d'une grande facilité d'application. Les Anglais et les Américains en usent et en abusent.

Dans l'*affusion*, on reçoit sur le corps une certaine quantité d'eau, versée à l'aide d'un seau ou d'un arrosoir. C'est un bon moyen d'hydrothérapie à domicile, peu dispendieux, mais qui a l'inconvénient d'exiger l'assistance d'un aide.

La *douche à jet mobile* représente le *summum* de l'action hydrothérapique et, en raison même de son énergie, ne peut être appliquée que dans des établissements spéciaux, par des doucheurs expérimentés et sous la surveillance médicale.

Les *bains d'étuve*, russes ou turcs, favorisent l'élimination des toxines, en provoquant d'abondantes transpirations ; mais ils sont longs, compliqués, assez coûteux, et ils ne sont pas sans inconvénients pour certains organismes par la déperdition en sueur qui atteint en moyenne 5 ou 600 grammes. Ils appartiennent à la médecine plutôt qu'à l'hygiène et doivent être rejetés comme moyen usuel de propreté.

Les *bains froids* en baignoire ne sont guère utilisés qu'en thérapeutique ; ils sont inférieurs aux bains chauds, au point de vue de la propreté.

Quant aux *bains de rivière*, ce sont des moyens hygiéniques de sport et de natation, plutôt que de propreté. Ils ne peuvent d'ailleurs être employés que pendant quelques mois de l'année.

Les *bains de piscine* sont absolument insuffisants comme moyens de propreté. Ils coûtent très cher d'installation, dépensent beaucoup d'eau et ne nettoient pas ou nettoient mal. « Chaque fois, dit le docteur Mangenot, que j'ai assisté aux bains d'enfants, dans des piscines, j'ai constaté qu'ils en sortaient presque aussi sales qu'ils y étaient entrés... » Il peut y avoir, parfois, un véritable danger à se plonger dans l'eau d'un bassin qui aura servi au nettoyage d'individus porteurs de certains microbes.

Bains chauds en baignoires. — C'est encore le procédé balnéaire le plus usité pour obtenir la propreté du corps ; mais combien n'est-il pas inférieur au bain-douche sous tous les rapports !

La propreté des baignoires est difficile à assurer ; les parois se recouvrent d'un enduit graisseux très difficile à enlever. Quand on entre dans une baignoire, même dans les établissements les mieux tenus, on n'est jamais sûr qu'elle ait été suffisamment désinfectée, ou seulement nettoyée.

Dans la baignoire, le baigneur s'immobilise béatement dans une eau stagnante d'autant plus souillée que l'immersion est plus prolongée, de sorte qu'à la fin du bain, c'est l'eau qui salit le corps et dépose à sa surface une partie de la crasse qu'elle lui a enlevée.

Dans le *bain-douche*, du commencement à la fin, le corps reçoit une eau sans cesse renouvelée, qui entraîne toutes les souillures à mesure qu'elles se détachent... La douche tiède est tonique, légèrement excitante ; elle stimule la peau sans l'irriter, elle laisse un sentiment d'agréable bien-être ; elle délasse et purifie.

Les bains-douches conviennent en toute saison aux personnes des deux sexes, à tous les âges, à tous les tempéraments...

Bains-douches dans les maisons particulières. — Que faut-il pour l'installation ?

a. Un *tub*, ou même un simple baquet, destiné à recevoir l'eau sale ;

b. Un *rideau*, soutenu à une hauteur d'environ 1^{m},70 par une tringle circulaire... et reposant, par son bord inférieur, sur le baquet ou le tub, en dedans de ses rebords, aura pour double fonction de soustraire le baigneur aux regards et d'empêcher les éclaboussures de la douche sur les objets voisins ;

c. Enfin, un *seau à douches*. Un seau ordinaire, d'une contenance de 6 à 10 litres sera suspendu à deux consoles solides à une hauteur de 2m,20 environ ; on pourra aisément, en montant sur une chaise, le remplir d'eau à température convenable (45 degrés).

Le fond du seau est percé d'un orifice muni d'une soupape et continué, en dessous, par un tube de 20 centimètres de long, coudé à 45° et terminé par une pomme d'arrosoir, à trous fins, de 5 à 6 centimètres de diamètre, de façon que le jet soit oblique.

En tirant sur une chaînette pendant à portée de sa main et actionnant la soupape, le baigneur fera tomber la pluie à volonté, l'interrompant pour se savonner, se frictionner et se laver de la tête aux pieds. (Coût, 55 fr. environ.)

Dr G. Carrière, *Op. cit.* (J.-B. Baillière et fils, éditeurs).

7. — L'alimentation.

Les substances propres à reconstituer nos organes sont de deux sortes :

1° Les matières dites *azotées* parce que seules, parmi nos aliments, elles contiennent de l'azote, ou *albuminoïdes* à cause de leur ressemblance avec l'albumine (ou blanc d'œuf).

2° Les sels minéraux.

Les matières azotées sont particulièrement la *fibrine* ou *musculine*, la *caséine*, l'*albumine* qui proviennent du règne animal, ainsi que la *gélatine*, substance peu ou point assimilable ; le *gluten*, la *légumine*, l'*amandine* qui sont fournis par les végétaux.

Les matières albuminoïdes sont transformées par les sucs organiques en un liquide, appelé *peptone* ou *albuminose*, propre à être absorbé, c'est-à-dire assez fluide pour traverser les membranes de l'organisme et passer dans le sang.

Les *sels minéraux*, qui jouent un rôle considérable relativement à nos parties solides, sont particulièrement le *carbonate* et le *phosphate de chaux*, base du squelette et des dents, le *chlorure de sodium* (sel de cuisine) qui entre dans la composition de la plupart de nos liquides; les *sels de fer* qui fournissent la matière colorante du sang.

Les substances propres à fournir le carbone nécessaire à l'entretien de la chaleur animale sont : 1° les liqueurs fermentées; 2° les matières sucrées; 3° les féculents qui se transforment en glucose de manière à devenir solubles; 4° les graisses qui ne se transforment pas, mais s'émulsionnent et passent en nature dans le sang.

Lorsque la nourriture ne fournit ces diverses sortes d'aliments que d'une manière insuffisante, ou dans des proportions incomplètes, le corps s'amaigrit, l'anémie ou *décoloration du sang* se déclare, les forces disparaissent et la vie devenant moins résistante, l'homme est plus exposé à l'action des causes étrangères, d'où dérivent la plupart de nos maladies.

Il y a des aliments *complets* qui renferment ces diverses substances dans les proportions voulues ; ce sont les aliments formés par la nature pour nourrir les jeunes animaux : le lait, les œufs et les aliments qui en dérivent ; mais ces cas sont l'exception.

Or, comment déterminer quels aliments fourniront les substances nécessaires à la santé.

En théorie, la science a posé le problème et l'a résolu.

L'homme pour se maintenir en santé doit consommer par jour, en moyenne, 15 grammes d'azote et 250 grammes de carbone.

Il pourrait les puiser soit dans un régime exclusivement végétal, puisque le gluten et la légumine sont des matières azotées ; soit dans un régime exclusivement carnivore, puisque les corps gras fournissent du carbone.

Mais, dans le premier cas, pour trouver ses 15 grammes d'azote, il lui faudra absorber un excès de carbone et s'en débarrasser ensuite par des efforts respiratoires considérables ; dans le deuxième cas, pour obtenir les 250 grammes de carbone, il lui faudra absorber un excès d'azote, qui pourra produire de graves désordres intérieurs. Dans les deux cas les organes seront fatigués en pure perte.

La conclusion s'impose d'elle-même : la meilleure alimentation sera une alimentation mixte, comprenant de 1/4 à 1/3 de viande.

Les proportions suivantes nous paraissent constituer théoriquement un excellent régime :

Pain et légumes, de.	800 à 1 000 gr.
Viande.	200 à 300 »
Eau	1 500 à 2 000 »

Mlle Marchef-Girard, *Cours d'Économie domestique*, p. 46. (A. Picard et Kaan, éditeurs), 2 fr. 25.

CHAPITRE II

L'habitation.

SOMMAIRE. — I. Le rêve de Joséphin Soulary et de J.-J. Rousseau ; les châteaux en Espagne. Que nous sommes ce que nous fait la maison où se passe notre enfance. Le domicile et le taudis ; d'où vient le mal : maisons et rues du moyen âge, impôt des portes et fenêtres ; réformes à souhaiter. Le logis de l'ouvrier d'après MM. de Nouvion et Picot ; ses rapports avec l'hygiène, la morale et la dépopulation ; qu'il est le pourvoyeur du bagne, de l'hôpital et du cimetière. — II. Les remèdes ; 1° du côté des capitalistes : la société de Strasbourg ; Miss Octavia Hill ; la Société de Passy-Auteuil ; Peabody ; 2° du côté des ouvriers : le village, les champs, le faubourg ; aménagement du logis, portes et fenêtres, meubles et murs ; la ménagère et son rôle ; l'étage supérieur des maisons bourgeoises ; le logis de l'ouvrier des champs. Conclusion.

I. — Si j'avais un arpent de sol, mont, val ou plaine,
Avec un filet d'eau, torrent, source ou ruisseau,
J'y planterais un arbre, olivier, saule ou frêne,
J'y bâtirais un toit, chaume, tuile ou roseau... [1]

1. Joséphin Soulary, *Rêves ambitieux*. Il faut citer tout le sonnet, non seulement parce que ces vers sont frais et délicieux, mais aussi parce que le poète exprime deux idées sur lesquelles nous revenons à plusieurs reprises dans ces leçons : 1° que l'homme, pour être heureux, doit avoir une compagne ; 2° que le bonheur se compose de très peu de rêve et de beaucoup de réalité ; enfin ce conseil de modération dans les vœux, que Soulary, après tant d'autres poètes, donne à l'homme (« Chercher un peu de bien, et n'y pas

Si j'étais riche, dit à son tour J.-J. Rousseau, « je n'irais pas me bâtir une ville en campagne... ; sur le penchant de quelque agréable colline bien ombragée, j'aurais une petite maison rustique : une maison blanche avec des contrevents verts... [1] » Pour faire de semblables projets est-il besoin d'être poète ou philosophe? Tous, tant que nous sommes, quand nous rêvons à la fortune lointaine que nos efforts jamais peut-être n'atteindront, n'est-ce point cette chimère que nous caressons avec le plus de constance et d'amour? L'avenir, nous y comptons bien, nous donnera le terrain où, sur un plan merveilleux que sans cesse retouche et complète notre imagination, nous élèverons l'asile où notre vieillesse se reposera. Ce rêve, beaucoup s'en vont sans le réaliser : ils n'ont pu rien bâtir, hélas, que des châteaux en Espagne.., et cela a presque suffi à l'ambition de ces humbles que la fortune a de bonne heure pliés à se contenter du

trop compter » Musset, *Espoir en Dieu*), sera discuté dans le chapitre suivant. Voici la fin de la pièce :

Sur mon arbre, un doux nid, gramen, duvet ou laine,
Retiendrait un chanteur, pinson, merle ou moineau,
Sous mon toit, un doux nid, hamac, natte ou berceau
Retiendrait une enfant, blonde, brune ou châtaine.

Je ne veux qu'un arpent ; pour le mesurer mieux
Je dirais à l'enfant la plus belle à mes yeux :
« Tiens-toi debout devant le soleil qui se lève ;

Aussi loin que ton ombre ira sur le gazon,
Aussi loin je m'en vais tracer mon horizon. »
— Tout bonheur que la main n'atteint pas n'est qu'un rêve.

1. *Emile*, IV.

rêve. N'est-ce point cependant une preuve que dans cette question du bonheur l'habitation est d'une importance très grande ?

D'une autre façon encore, pour notre bonheur, l'habitation peut énormément.

Ne sommes-nous pas, en partie, ce que nous a faits la demeure où s'est passée notre enfance ? sains de corps et d'esprit, ou maladifs et dépravés, suivant que nous avons grandi dans tel ou tel quartier, dans telle ou telle maison.

Dans nos villes on voit des rues sinistres, des logis dont l'entrée seule serre le cœur, donne le frisson ; les murs suent la maladie, le vice, le crime ; les êtres qui grandissent là, comment n'auraient-ils point le corps usé, l'âme pourrie ? En d'autres quartiers, aérés, lumineux, d'autres demeures respirent la santé, le bien-être, la vertu ; quand on y pénètre on se sent baigné de calme et de paix ; l'air paraît là plus léger et plus vivifiant, la lumière plus claire ; de ces maisons bénies on sort rafraîchi, fortifié, mieux portant et meilleur. Et si l'on cherche à quoi tient ce charme, souvent on est tout surpris en découvrant que la richesse n'y est pour rien[1]. Telle humble mansarde pauvrement meublée, telle maisonnette d'ouvrier

1. — « Le luxe est un élément de civilisation par l'élégance plutôt que par la délicatesse et l'éclat. Or, l'élégance d'un intérieur dépend bien plus de la forme que de la matière, et c'est surtout la matière qui fait la cherté ; le meilleur du luxe restera donc à la portée d'une fortune modeste. » Ribert, *Essai d'une philosophie nouvelle*, p. 337. (F. Alcan, éditeur).

blanchie à la chaux, vous paraît belle comme une chapelle, parce qu'elle est inondée de jour et d'air, parée de propreté, d'ordre méticuleux, de soin, d'amour; parce que, d'un seul coup d'œil, on voit qu'elle est une habitation d'homme. Les taudis empuantis des ténébreuses rues étaient des gîtes pour s'abriter quelques heures, comme une bête lasse, et dormir; ici c'est cette chose sacrée qu'on appelle le « *domicile du citoyen* » que la loi elle-même, qui le protège, doit respecter; c'est « *l'intérieur* », c'est le centre de ralliement d'êtres issus du même sang, « *le foyer* » dont la chaleur a fait éclore leur mutuelle affection, le sanctuaire où ils abritent leurs joies, cachent leurs peines; où, entre le berceau des petits et le lit de mort des vieux parents, pour aimer et pour souffrir, pour travailler, pour penser, pour créer ils se sont serrés cœur contre cœur[1]. Ici nous touchons à une des plus graves questions des temps modernes.

Si pour tous les Français le logis était ce que l'on vient de dire, l'asile où la famille se recueille et s'accroît, tout serait bien près d'être pour le mieux dans le meilleur des mondes. Mais voyons la réalité.

Dans nos villes, sauf de rares exceptions, la classe laborieuse s'entasse en ces horribles repaires où l'esprit se déprave aussi fatalement

1. Lire le beau livre de M. Wagner, *Auprès du foyer* (A. Colin et Cie, éditeurs).

que la santé s'y perd. Par suite la natalité baisse, la race s'abâtardit, l'armée du crime grossit, les souffrances du peuple s'aigrissent. A ces malheurs on va chercher des causes invraisemblables; la véritable cause ne serait-elle pas celle-ci : que le logis malsain, sans jour, sans air, nauséabond, trop étroit, mal clos, déprave l'ouvrier ou le tue?

Le mal, comme la plupart des souffrances qui entravent la croissance de notre démocratie, a des origines très lointaines : il remonte à la féodalité, alors que les populations terrorisées par les barons ou par les déprédations des routiers, furent contraintes à chercher protection auprès du seigneur, durent abriter leurs huttes au pied de son donjon, ou bien ceinturer les villes de fossés, de murailles et de tours. Dans ces enceintes fortifiées, le terrain était mesuré forcément; les constructions se pressaient en des espaces très étroits. Pour ralentir la marche de l'ennemi au cas où il franchirait les murailles, on donnait aux ruelles un tracé irrégulier et tortueux; enfin, comme les fortifications empêchaient la ville de s'étendre, la cité grandissante n'avait d'autre ressource, pour loger ses habitants, que d'entasser les étages en exhaussant les maisons. Et voilà, pour des siècles, le pays entier condamné par la routine aux pratiques les plus contraires à la salubrité.

Plus tard, lorsque la royauté eut achevé l'unité

de la France et que, pour assurer les services coûteux de la centralisation, elle eut besoin d'un budget, elle adopta une mesure funeste, elle supputa la valeur imposable des constructions par le nombre et la dimension des ouvertures. Et voilà encore, pour des siècles, notre pays condamné par l'avarice aux pratiques les plus contraires à la salubrité.

Ce qu'il faudrait pour la santé publique et pour le bonheur général, ce sont des villes d'étendue deux fois, trois fois plus grande que leur superficie actuelle; coupées par de larges artères que le vent balaye, qu'inonde le soleil ; semées d'oasis touffues, de jardins publics riches en grands arbres, de pelouses, de promenades riantes et ombragées; ce qu'il faudrait ce sont des maisons basses, d'un étage au plus, élevées sur caves, orientées du nord au sud dans le midi ensoleillé, de l'est à l'ouest dans les contrées pluvieuses du centre et du nord; aménagées pour être fraîches en été, chaudes en hiver, salubres et gaies en toute saison ; ce qu'il faudrait, en un mot, ce sont des cités de civilisés et non des campements de barbares ; et nos grandes villes ne sont guère que cela en dépit des beaux quartiers, des somptueux hôtels, des monuments publics aux orgueilleuses façades, des statues, des embellissements ; car, tels que l'Indien orénoque qui ne sortirait pas de sa case sans un anneau dans le nez ou une plume aux cheveux, mais qui ne sait point se garantir du froid avec des vêtements, nous dépensons pour les bagatelles et nous négligeons l'essentiel [1].

Demandons aux spécialistes ce que sont les grandes villes du monde civilisé. « Il faut avoir vu, dans les grandes agglomérations comme Londres et Paris, les taudis infects dans lesquels logent les familles d'ouvriers... Un grand nombre de familles, composées du père, de la mère, de quatre ou cinq enfants des deux sexes, parfois des grands-parents, occupent une seule chambre où la literie, empilée le jour, laisse à peine la place de bouger, où la promiscuité est complète la nuit, où l'atmosphère est presque irrespirable à toute heure. L'impossibilité de donner à l'intérieur un aspect décent décourage la mère de famille. Les enfants ne songent qu'à s'échapper pour aller vagabonder et trop souvent se créent dans la rue des camaraderies fâcheuses ; ils sont exposés à toutes les tentations. Le père cherche un refuge au cabaret ; il s'intoxique d'alcool *en réformant la société en compagnie d'autres hommes qui ne sont pas mieux préparés que lui à cette besogne.* Quand il rentre, surexcité par la boisson et par les discussions, c'est pour maltraiter les enfants, pour battre la

1. On ne peut cependant pas demander qu'on rase les villes pour es rebâtir ; mais au moins qu'on répare et qu'on améliore ; avec l'argent si souvent gaspillé, on pourrait effectuer d'utiles expropriations, amener de l'eau sans souillure, perfectionner le balayage, installer des établissements de bains, etc.

femme qui, de son côté, souvent a cherché aussi l'oubli dans la boisson. Bref, ce qui devrait être le foyer autour duquel on trouve le repos et le réconfort après le labeur du jour devient un enfer où l'homme ne revient plus, d'où la femme s'évade, d'où les enfants s'échappent pour tomber dans le crime et dans le vice [1]. » M. Picot dit à son tour : « Dans la rue Sainte-Marguerite-Saint-Antoine, dans les rues qui avoisinent les Halles, dans le quartier Saint-Séverin... on trouve des encombrements hideux que la loi ne devrait pas tolérer. Franchissez le seuil : pénétrez dans l'allée étroite et sombre, vous serez pris à la gorge par une odeur fétide, produite par les ordures ménagères et les latrines ; en avançant à tâtons, vos pieds heurteront contre les premières marches de l'escalier : si vos mains s'appuient sur le mur, vous le sentirez froid et gluant.

« ... Pour augmenter le rendement des immeubles, les pièces ont été divisées..., il y a des chambrées où chaque locataire a trois mètres cubes d'air, alors que le minimum doit être de quatorze mètres. Si on approche de l'unique fenêtre pour échapper à l'infection et qu'on veuille regarder au dehors, des linges de toutes sortes qui sèchent obstruent la lumière [2]. L'odeur qui monte

1. G. de Nouvion, *Revue des Revues*, 15 avril 1900.

2. « Les fenêtres montraient des vitres nues, d'un vert glauque d'eau trouble. Certaines, ouvertes, laissaient pendre des matelas à carreaux bleus, qui prenaient l'air ; devant d'autres, sur des cordes tendues, des linges séchaient, toute la lessive d'un ménage, les che-

du sol prouve que la cour sert de réceptacle aux immondices jetées par les fenêtres et qui s'y putréfient à l'air libre... A Paris les logements des pauvres sont à la fois chers et malsains; une chambre se paie de 80 à 150 fr.; une chambre et un petit cabinet, 260 à 300 fr.; 3 chambres valent toujours plus de 300 fr. Les ouvriers cherchent en vain des conditions favorables à la moralité et à l'hygiène. « D'abord ils s'irritent, puis ils perdent courage; lorsqu'ils se sont habitués à un intérieur repoussant, l'œuvre de dégradation physique et morale est presque consommée, il est trop tard... Songe-t-on au mal physique? Les conditions d'habitation sont délétères pour l'adulte, nuisibles pour la croissance de l'enfant, fatales au développement de la race. — Calcule-t-on les dangers d'épidémie? — Il n'y a pas un quartier de Paris, quelle que soit la largeur des rues, qui ne puisse être empoisonné par les émanations accumulées dans les quartiers pauvres. — Cherchons-nous à mesurer le mal moral? Il est sans limites. Comment pouvons-nous espérer que dans ces taudis repoussants, se développent les influences du foyer domestique, influences préservatrices

mises de l'homme, les camisoles de la femme, les culottes des gamins; il y en avait une, au troisième, où s'étalait une couche d'enfant, emplâtrée d'ordure. Du haut en bas, les logements trop petits crevaient au dehors, lâchaient des bouts de leur misère par toutes les fentes ». Zola, *l'Assommoir*, p. 54. « Elle respirait cette odeur fade des logis pauvres, une odeur de poussière ancienne, de saleté rance », p. 56. Une autre description d'un ménage envahissant le palier, le père y lavant la vaisselle, se trouve page 65.

qui seules défendent l'homme à travers les tentations sans nombre de la vie? — On parle d'instruction... Comment espérer que l'instruction populaire portera des fruits, quand les malheureux iront loger dans ces réduits infects où rien d'intellectuel ne peut trouver place? — On cherche à lutter contre l'intempérance. Est-ce en montrant un tel intérieur au père que vous l'éloignerez du cabaret?

« Ainsi, la santé perdue, la morale compromise, l'instruction inutile, le cabaret détournant l'ouvrier, la vie de famille anéantie, voilà les résultats de ces logements que dans le voisinage des grandes usines on paye 200 francs, quelquefois 250 et 300 francs! [1] »

Pour mettre le dernier coup de pinceau à ce sombre tableau, faisons encore un emprunt à M. Picot: « Si du XIIIe arrondissement on revient à Montmartre, à la Chapelle et qu'on entre dans des maisons de bonne apparence où le nombre et l'apparence des locataires inspirent quelque confiance, on apprend que les familles à nombreux enfants ne sont pas tolérées. Pour y être admis au jour du terme, les parents n'avouent qu'un ou deux enfants: les autres sont gardés par quelque voisin complaisant; plusieurs jours s'écoulent: il en revient un, puis la semaine suivante on en fait rentrer un autre; dès que le

1. Picot, *Un devoir social et les logements d'ouvriers*, p. 36 et 42 (Calmann-Lévy, éditeur).

principal locataire faisant fonctions de concierge constate qu'il y a quatre enfants dans le logement, il donne congé[1]. »

Après ce dernier détail, qui ne conviendra que la cause de la dépopulation et de la décadence doit-être cherchée ici plus que partout ailleurs, puisque, propre et salubre, la maison ouvrière restreint la famille, impose le célibat à l'ouvrier rangé et soigneux; nauséabonde et délétère, elle corrompt le père, décourage la ménagère, déprave les enfants ou les empoisonne et les tue. La maison ouvrière est donc bien la pourvoyeuse du bagne, de l'hôpital, du cimetière, etc.

Et il en est ainsi dans l'Europe entière, pour le plus grand danger de la civilisation, pour la plus grande honte de notre temps.

II. — Par bonheur ce danger et cette honte, les classes dirigeantes de tous les pays les ont aperçus, et, ce qui fait la grandeur et la beauté du moment présent, elles ont senti que le devoir non moins que l'intérêt leur commandait d'effacer la honte en conjurant le péril. Alors des privilégiés du savoir et de la fortune sont allés au secours de leurs frères déshérités et, par des moyens ingénieux au point de masquer la bonne action derrière l'entreprise lucrative, ils se sont mis à l'œuvre afin d'assainir le logement du pauvre et de le transfigurer.

1. Picot : *Op. Cit.*, p. 39.

On n'en finirait pas, si on voulait énumérer tout ce qu'a tenté l'initiative privée à l'étranger ou chez nous. A Strasbourg, Mulhouse, Lille, Lyon, Sedan, Nancy, Amiens, Bordeaux, Reims, Orléans, Roubaix, Paris, Marseille, Guise, Noisiel, au Havre..., en Suisse, en Italie, en Belgique, en Allemagne..., des chefs d'usine, des millionnaires, des philanthropes, des sociétés coopératives, des associations de capitalistes ont, sans bruit, mais sans défaillance, mené à bonne fin les entreprises les plus variées. L'État même a contribué pour sa part à ce mouvement par les lois du 30 nov. 1894 et du 31 mars 1896, qui autorisent le maintien de l'indivision entre les héritiers survivants, modifient les dispositions relatives à la Caisse nationale d'assurances en cas de décès, et permettent aux bureaux de bienfaisance, hospices, hôpitaux, d'employer le cinquième de leur patrimoine en construction de maisons à bon marché ou en prêts hypothécaires, aux sociétés de construction, etc. Le lecteur curieux de connaître le détail le trouvera dans les ouvrages de MM. E. Muller, Emile Cacheux, Rostand, Picot, Coste, Mangini, Cheysson, Siegfried, Raffalovich, etc.; je me bornerai à tracer une rapide esquisse des deux systèmes les plus répandus : celui de la Société des loyers de Strasbourg e' celui des habitations à bon marché.

En 1863 . [illegible] ›nda à Strasbourg une société

pour améliorer les logements des ouvriers. Partant de cette constatation que le propriétaire refuse les réparations urgentes à un ouvrier, mais accorde des aménagements de complaisance à un bourgeois, la Société s'interposait entre le propriétaire et le locataire, et tantôt par soins officieux, tantôt en se rendant elle-même principal locataire, obtenait l'assainissement des locaux. En somme le propriétaire n'y perdait point, puisqu'il louait à une société riche, responsable des dégradations et avec laquelle il était toujours sûr de ses rentrées; l'ouvrier de son côté y trouvait un double avantage : 1° il avait un logement propre et sain; 2° il payait à la semaine, car la Société qui par ce mode de paiement voulait faciliter l'ouvrier souvent incapable, par imprévoyance, de mettre de côté le prix d'un trimestre, payait elle-même le propriétaire suivant les coutumes des pays et envoyait chaque semaine toucher chez l'ouvrier.

Cette combinaison apparemment satisfait toutes les parties, puisqu'une Anglaise, Miss Octavia Hill, qui suit l'exemple de la société strasbourgeoise, qui même fait mieux encore et achète les immeubles infects pour les abattre et les rebâtir, est loin de s'être ruinée à cette spéculation.

Pour les habitations à bon marché, je renvoie aux auteurs cités plus haut; je rappelle que dans beaucoup de villes de France des entreprises prospères offrent à l'ouvrier des logements sains et agréables dont il reste locataire sa vie durant, ou dont il devient propriétaire au bout d'un certain nombre d'années. Lors de la fondation, en 1882, la « Société anonyme de Passy-Auteuil pour les habitations ouvrières » faisait les conditions suivantes : pour une maison de la valeur de 7000 francs avec jardin et petite cour, façade 7 mètres, une cuisine, une salle et deux chambres à coucher, le locataire-acquéreur en entrant en jouissance avait à verser un acompte de garantie de 500 ou de 1000 francs ; chaque année, il payait un loyer de 474 fr. 70, si la garantie versée était de 500 fr., de 428 fr., si la garantie versée était de 1000 fr. Au bout de 20 ans, la maison appartenait au locataire.

Je ne voudrais pas quitter ce sujet sans dire que le système de vente de maisons par annuités a été inauguré en France en 1852 par la Société des cités ouvrières de Mulhouse, fondée par J. Dollfus et dont M. Émile Muller a été l'habile architecte.

Sur les entreprises françaises, je n'en dirai pas plus long, chacun pouvant dans sa ville trouver des modèles ou des renseignements; faisons seulement remarquer que l'ouvrier français se montre peu favorable aux cités ouvrières, aux casernes divisées en plusieurs logements. La maisonnette pour un ménage, avec cour et jardin, est le type qui a sa faveur.

En Angleterre la cité ouvrière a au contraire fort bien réussi. Sir Sidney Waterlow qui vers la fin de 1858 fit construire cinq maisons de cinq étages, retirait de cette spéculation un revenu net de 8 1/2 à 10 pour cent; la Compagnie des logements perfectionnés d'ouvriers, fondée en 1863, avait en 1884, dans 4314 logements, 21500 locataires; le capital engagé dans l'entreprise était à cette date de 21500000 francs, rapportant deux millions de revenu; les actionnaires touchaient un dividende de 5 0/0. La donation de l'Américain Peabody étant une œuvre de charité, ne distribue aucun dividende et emploie tous les revenus de ses maisons à la construction de nouveaux logements. « L'espérance du donateur, est-il dit dans le testament du 31 mai 1869, est que, dans un siècle, les recettes annuelles provenant des logements auront atteint un tel chiffre qu'il n'y aura pas dans Londres un seul travailleur pauvre et laborieux qui ne puisse obtenir un logement confortable et salubre pour lui et sa famille à un taux correspondant à son faible salaire. »

Voici quelle est la disposition générale de ces cités ouvrières de Londres.

Une grande grille sépare de la rue une vaste cour dont le sol est un peu plus élevé que celui de la rue. C'est là qu'à l'abri des voitures et des dangers de la rue s'amuseront les enfants de la cité, que d'ailleurs on ne laisse séjourner ni dans les escaliers, ni sur les paliers. Les bâtiments, à cinq ou six étages, sont en béton et fer; plusieurs escaliers les desservent; ces escaliers prennent jour par de larges baies sans fenêtres; la nuit, ils sont éclairés au gaz jusqu'à 11 heures. Sur chaque palier s'ouvrent six ou huit portes de logements, surmontées d'un numéro comme les maisons dans les rues. Chaque palier possède un cabinet d'aisance pour deux logements[1], et une buanderie pour tous les habitants du palier : c'est là que le linge est lavé et séché; défense absolue de l'étendre aux fenêtres. Un surintendant fait la police, veille à la propreté, à la décence de chaque bâtiment, exige que le balayage soit fait avant dix heures et le lavage général du palier et de l'escalier tous les samedis. Les logements comprennent : 1° une cuisine dont la cheminée chauffée au charbon de terre est divisée en trois parties : au centre le foyer visible, à gauche un réservoir d'eau chaude, à droite un four; 2° une chambre ou deux. Chaque pièce a de 11 à 13 mètres de superficie, une hauteur de plafond de 2 m. 70, et un cube de 25 ou 27 à 35 mètres. Les précautions hygiéniques sont les suivantes : chaque palier possède une descente fermée par un couvercle, les balayures sont précipitées par là dans un grand coffre que des voitures viennent chercher à heure fixe; — chaque bâti-

1. Dans les nouveaux logements de la fondation Peabody, il y a un w.-c. par logement.

ment possède une salle pour bains froids gratuits ; — aucun locataire n'est admis si tous les membres de la famille n'ont pas été vaccinés; — dès qu'un cas de maladie se manifeste le locataire est tenu d'en donner avis, le médecin du quartier aussitôt appelé vérifie si le malade peut être traité à domicile : toute maladie contagieuse entraîne le transport obligatoire à l'hôpital. Pour l'agrément les habitants de ces cités ouvrières ont la cour grillée où les enfants s'amusent, et un hall, vaste salle de réunion où le dimanche se fait le prêche, où les autres jours on se réunit pour causer, chanter, faire de la musique, passer la soirée, etc. Enfin on n'admet ni l'ouvrier qui gagne plus de 6 fr. 25 par jour, ni celui dont le salaire n'atteint pas 2 fr. 65; l'Anglais considère qu'un homme qui ne sait pas, faute de courage, de bonne volonté ou d'habileté, gagner 2 fr. 65 par jour n'est pas un ouvrier, mais un indigent. On paie tous les samedis; la valeur du loyer, qui est toujours fixée par semaine, est la suivante :

Pour une chambre,	de 2 fr. 50	soit par an	130 fr. »
—	à 3 fr. 75	—	195 fr. »
Pour 2 chambres,	de 3 fr. 75	—	195 fr. »
—	à 6 fr. 80	—	357 fr. 50
Pour 3 chambres,	de 5 fr. »	—	250 fr. »
—	à 8 fr. 75	—	455 fr. »

Quel que soit le type adopté, cité ouvrière, maisonnette isolée, la préoccupation des classes dirigeantes reste la même : il faut offrir à l'ouvrier un logement bien aéré, bien éclairé, salubre, confortable et riant où ses enfants grandiront à l'abri des souillures du vice et de la contagion des maladies, où sa femme jouira de toutes les commodités par lesquelles une ménagère est encouragée à soigner son intérieur, où lui-même enfin prendra plaisir à passer les heures oisives, à jardiner, à lire, à surveiller les siens, à jouir d'eux, bref à être ce qu'il lui était si difficile d'être jusqu'à ce jour, le père de famille.

Nous l'avons dit, nous le répétons : à porter de ce côté leurs efforts, les classes dirigeantes n'ont rien à perdre et beaucoup à gagner, puisque la santé publique, la moralité générale, la valeur de la race et la prospérité du pays dépendent de la salubrité des villes, de la santé des hommes et de la moralité des familles. Que notre pays soit peuplé d'une majorité de gens sains, heureux et gais, ou d'une majorité d'êtres souffreteux, dolents et aigris, cela n'est indifférent à personne; et par surcroît nous avons vu que ces entreprises, qui sont de bonnes actions, sont en même temps de bonnes affaires. Je ne relève pas ce dernier détail pour diminuer le mérite de ceux qui prennent l'initiative et la direction des Sociétés d'habitations à bon marché, mais tout au contraire pour faire entendre aux gens qui ne croient qu'à l'efficacité de l'aumône et de la charité, que l'intelligence, le calcul mis au service du cœur l'aident à réaliser des miracles. Laissons les rêveurs mépriser les chiffres, pourvu que les honnêtes gens sachent compter et que les calculateurs soient d'honnêtes gens.

Pour augmenter le bonheur de la classe ouvrière, ou si l'on trouve ces termes trop éloignés de la réalité, pour lui rendre le bonheur accessible, nous avons vu ce que les privilégiés ont imaginé et accompli dans la question des habitations à bon marché. Mais les œuvres où l'on est deux ne sauraient porter tout leur fruit, si l'un fait tout et l'autre rien. Ainsi jamais l'habitation ouvrière ne s'assainira, ne se moralisera, ne s'embellira si l'ouvrier ne seconde point les efforts des philanthropes et des capitalistes. Par exemple, M. Picot nous dit que dans les groupes Peabody, on ne voit « nulle inscription, nulle tache sur les murs, nulle ordure malsaine » et que les locataires observent strictement les règlements qui interdisent d'étendre aux fenêtres ou de laisser jouer les enfants dans les escaliers, sur les paliers et dans les buanderies. Voilà des ouvriers qui comprennent leurs intérêts et accomplissent leur devoir en facilitant aux philanthropes l'accomplissement du leur.

Dans beaucoup de villes françaises, l'initiative privée n'a encore rien fondé. Il ne faut pas pour cela que l'ouvrier se résigne au logis étroit, immoral et insalubre. La ville lui est inhospitalière, qu'il la déserte! qu'il émigre dans la banlieue, au hameau le plus rapproché; pour un très bas prix, il y pourra louer une maisonnette où la famille sera au large; il y aura un jardin qu'il cultivera à ses moments perdus; il y trouvera l'air pur des champs et le calme, la paix que ne connaissent plus nos cités trépidantes. Les enfants surtout et la femme, dans cet isolement, prospéreront. Pour un jeune ménage rien ne vaut la campagne et sa solitude : « Ne semez point dans la grande route; ne plantez point dans le torrent; n'aimez point au milieu des foules[1]. » Ajoutons deux autres avantages considérables : la nourriture moins chère et plus saine, le garde-manger alimenté par la basse-cour et le potager, et surtout l'éloignement du cabaret et de ses ravages.

Je sais d'autre part les inconvénients; mais sont-ils invincibles? Il y a des métiers qui obligent à être tout près de l'usine, qui veulent que plusieurs fois le jour on aille chercher, rendre l'ouvrage. Si la femme aussi travaille, avec les va-et-vient fatigants, comment se tirera-t-elle du ménage et de son travail? Et les enfants, qui les gardera lorsque la maison sera vide, les parents en ville, les voisins aux champs? Plus tard auront-ils une école? Que si, afin de gagner du temps, le père prend le repas du midi à la ville, les dépenses n'engloutiront-elles pas toute l'économie de la combinaison? — A cela, on peut

1. Michelet, *l'Amour*, p. 78.

répondre que le chemin de fer, les tramways, la bicyclette fournissent, dans bien des cas, de bonnes solutions.

Pourtant s'il est impossible de se loger au village ou aux champs, l'ouvrier et les siens seront-ils condamnés à la maison-caserne, à ses promiscuités, à ses souillures et à ses infections?

Il me semble que pour échapper à ce danger plusieurs moyens lui sont offerts.

Le premier est de chercher dans un faubourg une maisonnette dont il sera l'unique locataire; là sa famille sera mise à l'abri des voisinages dangereux. Cette maisonnette, il faudra l'assainir et l'embellir. Nous avons vu, alors qu'il s'agissait du corps, que la propreté constitue les trois quarts de la santé; pour le logis, il en est de même. Donc ouvrez les fenêtres, laissez entrer le soleil, si l'exposition le permet; nul antiseptique ne vaut le soleil, car, en même temps qu'il tue nos ennemis, les microbes, il accroît notre vitalité; laissez entrer le jour et l'air.

C'est une détestable habitude des ménagères que de pousser les volets, de clore les fenêtres, sous prétexte de se défendre contre la poussière, les mouches, la chaleur. Si on les laissait faire, il y aurait des pièces où l'air ne se renouvellerait qu'une ou deux fois l'an, les jours de grand nettoyage. Elles ne savent donc pas que l'air renfermé, immobile, que ne brasse point sans cesse une énergique ventilation est impropre à la respiration, qu'il est mortel! Déjà l'air des villes, où les grands mouvements de l'atmosphère rencontrent l'obstacle des maisons, est moins sain que l'air des campagnes, lequel est constamment agité, balayé. Ce mouvement de l'atmosphère, il faut de toute nécessité l'entretenir, jour et nuit, dans nos demeures. Sans avoir recours aux vitres perforées de M. Trélat[1], ni aux autres procédés d'aération, réservez, pour en faire les chambres à coucher, les pièces où il est le plus facile d'établir des courants d'air, de préférence les pièces à cheminée (où il ne sera pas du tout nécessaire d'allumer du feu), et la nuit laissez ouverte la fenêtre de la pièce voisine.

Puisque nous parlons des fenêtres achevons sur cette question : n'y étendez jamais de linge, ne les garnissez pas de rideaux qui obstruent le jour à la partie supérieure et le laissent pénétrer par le bas, ce qui est le plus sûr moyen d'assombrir une pièce ou de l'éclairer à faux, d'un jour qui blesse la vue[2]; enfin ouvrez-les le plus souvent, le plus longtemps, le plus complètement possible; retenez ce précepte de Miss Nightingale, la généreuse organisatrice des progrès réalisés depuis quarante ans dans la salubrité des hôpitaux : « Les portes sont faites pour être fermées et les fenêtres pour être ouvertes. »

1. Collection de la vie nationale, *La Salubrité*, p. 53 (Flammarion, éditeur).
2. *Id.*, p. 144.

Une chambre modèle prendra jour par une vraie fenêtre et non par une lucarne; on la choisira éloignée autant que possible de la cuisine et des cabinets et, si l'on est à la campagne, des étables et de la fosse à fumier. Le lit sera isolé, ne touchera aux murs d'aucun côté; on évitera par-dessus tout les alcôves, les rideaux de lit, tentures, tapis, etc.; on réduira les meubles au strict nécessaire, parce que ce sont des nids à microbes et qu'ils diminuent le cube d'air (pour une famille composée du père, de la mère, et de deux enfants, il faut une provision d'air de 50 mètres cubes au minimum, ce qui représente une pièce de 5 mètres de longueur sur 3 m. 50 de large et 3 de hauteur, et à la condition de n'y point avoir du feu); enfin, sauf dans les pays très froids, on n'y entretiendra point de feu[1].

Dans le ménage, il y a de la besogne pour tout le monde. Que le père, quand il n'a rien à faire prépare un lait de chaux et badigeonne; que plusieurs fois l'an toutes les pièces soient reblanchies (la chaux est plus saine que les papiers peints). On reblanchira surtout les pièces où des malades auront séjourné. La mère frottera les meubles, enlèvera la poussière avec un linge légèrement mouillé, souvent lavé; sec, le

1. La plus grande prudence est indispensable dans le chauffage des chambres à coucher : les gaz qui s'échappent des poêles et des grilles asphyxient; les brasiers sont à proscrire absolument. Le plus sage est, si on peut, de ne point chauffer du tout. Si vous chauffez, surveillez l'aération.

torchon déplace la poussière, mais ne l'enlève pas. Elle parera le logis par tous les moyens possibles : par exemple, un bouquet cueilli aux champs, le dimanche, si on renouvelle l'eau, peut durer bien des jours ; il faut que le logis plaise, enchante, retienne et rien n'opère mieux ce prodige qu'une reluisante propreté.

Aussi, parmi ces meubles qu'elle entretiendra avec zèle, régularité et amour, qu'elle n'aille pas oublier le meuble capital, j'entends sa personne, laquelle est bien, on n'y contredira point, le plus utile et le plus précieux.

Quand notre femme se néglige, que se passe-t-il? Ceci : que la dame du café, propre et pimpante, nous plaît mieux. Comme d'autre part lorsque nous rentrons aux heures des repas, nous ne trouvons rien de prêt, la ménagère ayant perdu son temps à traîner de porte en porte ses savates, à bavarder, l'enfant au bras, avec tout le voisinage, nous mangeons sur le pouce, un morceau de fromage ou de charcuterie, et nous courons au café où tout est propre, reluisant, où la dame est pommadée et parfumée[1].

Ah ! les maladroites, les malheureuses qui di-

1. « Le père... s'était jeté sur le lit... Il ne s'endormit pas, il resta les yeux grands ouverts, à faire le tour de la chambre. — C'est propre ! murmura-t-il. Puis, après avoir regardé un instant Gervaise, il ajouta méchamment : — Tu ne te débarbouilles donc plus ?... Gervaise n'avait que vingt-deux ans... Dépeignée, en savates, grelottant sous sa camisole blanche où les meubles avaient laissé de leur poussière et de leur graisse, elle semblait vieillie de dix ans. » — Zola, *l'Assommoir*, p. 9.

sent : « C'est bien la peine : frotter quatre mauvaises chaises de paille ! ça ne change pas le bois blanc en noyer, ni la paille en velours ! C'est bien la peine de se requinquer pour son mari : comme il m'a prise, qu'il me garde ! C'est bien la peine : fricoter des haricots ! ça ne demande pas tant de soins ! »

Mais si ! plus maigre est la chère, plus il faut soigner l'assaisonnement; plus pauvre est le mobilier, plus il est nécessaire qu'il reluise ! Quand vous allez à la promenade, le dimanche, vous vous parez; pour qui? pour des étrangers, des inconnus, qui ne vous regardent même pas, ou se moquent de vous ! Mais c'est à votre homme qu'il faut plaire; et lui ne demande ni rubans, ni boucles d'oreilles; une robe de quatre sous, mais sans trous, sans tache, du linge blanc, et cette netteté qui sent bon, qui étale aux yeux la santé du corps et la paix de l'âme; il n'en veut pas plus, le brave garçon, pour vous trouver belle comme une promise.

Michelet disait : « Une femme désœuvrée ou mal occupée, ce qui revient à peu près au même, est un véritable fléau pour le travailleur. Je ne saurais tout seul ordonner ma maison, la parer, mais je sens très bien que l'ordre, l'harmonie dans l'ameublement est, comme dans la toilette, une des puissances pour enserrer l'homme, assurer sa fidélité[1]. » Souvent l'homme fuit le lo-

1. *Mon journal*, p. 278.

gis parce qu'on ne le lui a pas rendu aimable. Et que faut-il pour rendre le logis aimable à l'homme le plus exigeant? En vérité bien peu de choses : un torchon diligent, de l'eau, de l'air, de la lumière qui ne coûtent rien, quatre fleurs dans un petit pot, du courage, dont toutes les femmes ont à revendre, et de la bonne humeur qui ne leur manque pas, tant qu'elles sentent que c'est pour elles qu'on reste et qu'elles sont sûres qu'on restera toujours.

Là-dessus, proposons aux méditations des femmes, ces deux pensées : « La table est une espèce d'autel qu'il faut parer. » — « Il faut porter son velours en dedans, c'est-à-dire montrer son amabilité de préférence à ceux avec lesquels on vit[1]. »

Nous avons annoncé que plusieurs moyens étaient offerts à l'ouvrier pour s'assurer un logis irréprochable au point de vue de la salubrité et de la moralité. Nous n'en avons encore indiqué qu'un seul. En voici un second :

Étant donné que beaucoup de petits employés et de fonctionnaires qui ne gagnent pas plus qu'un ouvrier trouvent pourtant à se loger aux étages supérieurs des maisons bourgeoises, saines, bien tenues et riantes plus encore aux man-

1. Joubert, 8, 20 et 30. Cette dernière recommandation s'adresse également aux hommes. Que de maris au dehors sont aimables, charmants; dès qu'ils rentrent au logis, tout change : les voilà soudain devenus maussades, grognons, impatients, brutaux... Il fait bon vivre avec ces gens-là, pourvu qu'on ne soit ni leur enfant ni leur femme.

sardes qu'à l'entresol, pourquoi l'ouvrier ne se procurerait-il pas, avec son argent, la même sécurité, le même confortable, le même bonheur? Si l'ouvrier a suivi les conseils exposés dans le chapitre précédent, s'il pratique avec exactitude les règles de la propreté, s'il exige que sa femme soit l'avenante et bonne ménagère dont nous avons donné l'idée, s'il élève bien ses enfants, quelle différence ferons-nous entre le fonctionnaire, entre l'employé et lui?

En revanche tout homme raisonnable accordera bien que les bourgeois ont quelque raison de ne point vouloir louer même un galetas à une famille pouilleuse, ni introduire dans leurs immeubles des enfants brise-tout, des galopins, ou un pilier de cabaret qui, dimanches et lundis, du 1er janvier à la Saint-Sylvestre, rentrera soûl et tombera ivre-mort au milieu de l'escalier.

Pour être propre, soigneux, sobre et décent, il n'est point indispensable d'être capitaliste. Il n'y a pas que les riches qui puissent porter sur la figure cet air qui renseigne le propriétaire, lui garantit qu'on usera du local pris à bail « en bon père de famille » ainsi que parlaient les vieux notaires.

Au contraire ces humbles vertus ne sont jamais plus aimables, plus réjouissantes que dans la classe ouvrière, et, Dieu merci, on les y rencontre souvent. Eh bien! tant mieux, car grâce à elles l'ouvrier, dès qu'il le voudra, sera logé plus haut peut-être, mais aussi bien qu'un opulent bourgeois.

L'ouvrier des champs, pour tout ce qui regarde le logement est bien mieux partagé que l'ouvrier des villes : d'abord il paie moins cher, s'il est locataire, et il a plus de large; il devient propriétaire plus aisément, et souvent, sur le lopin de terre qui lui appartient, se faisant architecte et maçon, il bâtit lui-même sa maisonnette, à sa mesure et à son gré; puis l'air ni le jour ne lui sont marchandés; enfin, pour embellir sa demeure et l'égayer, il trouve à sa porte ou les ombrages de la forêt, ou le vaste horizon des plaines, ou les ondulations gracieuses des collines, ou les cirques majestueux, les arêtes et les cimes de la montagne. Aussi déshérité que soit le pays qu'il habite, le campagnard peut compter sur la collaboration de la nature qui l'aide à parer son logis et à l'assainir.

Toutefois, dans cette collaboration, il convient qu'il fournisse la plus grosse part; la nature certes fait beaucoup, mais elle ne saurait tout faire. Qu'il s'ingénie donc de son côté, qu'il tire profit de ce que, si généreusement, on lui offre. A lui de chercher l'emplacement le plus pittoresque et le plus salubre, la meilleure exposition; à lui d'ouvrir sur les façades, non ces tristes lucarnes qu'on voit au village, ces *jours de souffrance* trop bien nommés, par où rien de bon ne passe, ni le soleil, ni la joie, ni la santé, mais de hautes et larges fenêtres. Qu'il entretienne le crépi des murs où la vigne vierge, le lierre, les plantes grimpantes agrifferont leurs cirrhes pour monter jusqu'au grenier et enguirlander les parois de ces « panaches flottants qui les font, comme un pré, reverdir au printemps[1]. » Que les plantes et les fleurs remplacent au front de la maisonnette ces hideuses dépouilles de bêtes, chouettes écartelées, chauves-souris, pattes de loups, queues de renards, que la superstition cloue encore quelquefois au-dessus des portes de nos campagnards.

Pour que l'intérieur soit aussi propre que le dehors est riant, il ne faut point que dans la demeure des maîtres, les hôtes de la basse-cour aient accès; chacun chez soi! les poules au poulailler, la vache à l'étable, l'âne à l'écurie, le mouton au bercail, le pourceau à son toit, et le maître dans la maison! Soignez le logis des animaux, ôtez les toiles d'araignées, changez chaque jour la litière, arrosez, balayez, aérez..., mais tenez votre logis à bonne distance du leur.

Enfin aménagez avec amour la plus grande pièce, la plus utile à la campagne, celle où, dès qu'on rentre du travail, l'appétit pousse toute la famille, la cuisine, qui doit être pour l'homme des champs la salle à manger et le salon, l'asile clos où se passeront gaîment, à la claire flambée de l'âtre, les longues veillées de l'hiver.

1. Lamartine, *Jocelyn*, 6e Époque, belle description d'une pauvre demeure de montagnard.

Là, nulle parure plus seyante que l'ordre et la propreté. « La belle chose, disait un mari grec à sa femme qu'il voulait dresser à bien aménager sa maison ; la belle chose que des vases d'airain ; la belle chose que des ustensiles de table ; la belle chose enfin, malgré le ridicule qu'y trouverait un écervelé, et non point un homme grave, que de voir des marmites rangées avec intelligence et symétrie. Oui, tous les objets sans exception, grâce à la symétrie, paraissent plus beaux encore, quand ils sont disposés avec ordre. Tous ces ustensiles semblent former une ronde : le cercle que concourent à former les objets compose une beauté que rehausse la distance des autres ; c'est ainsi qu'une ronde n'offre pas seulement par elle-même un beau spectacle, mais la figure circulaire décrite par les danseurs paraît belle aux regards [1]. »

Que la ménagère donc s'inspire de ces idées ; qu'elle mette son orgueil à offrir aux siens une cuisine ordonnée, ornée et reluisante : la table nette, les chaises cirées ; la ferblanterie accrochée à une tringle au-dessus de l'évier, la terraille rangée au-dessous ; les chandeliers alignés au rebord de la cheminée, le long du manteau ventru bien blanchi ; dans l'âtre, les landiers polis au papier de verre ; autour de la pièce, sur des étagères, par rang de taille, les chaudrons, les casseroles, les bouilloires, toute la dinanderie mi-

1. Xénophon, *Économique*, 8.

roitante où se reflète, tremblote et flamboie gaîment le rayonnement du foyer.

Campagnard, mon ami, si ta cuisine est ainsi tenue, moque-toi du citadin. Que si quelque faubourien veut te vanter les avantages de la ville, les beaux salaires qu'on y gagne et les noces qu'on y fait, pousse-le doucement dehors par les épaules, ferme ta porte et rentre vider au coin de ton feu la jatte de lait que ta femme vient de préparer, ou le verre de piquette, ou la chopine de cidre qu'avec du vrai raisin ou des pommes naturelles tu as toi-même fabriqués.

Concluons. Le logis, cela doit être devenu évident pour le lecteur, est un des facteurs les plus puissants de la santé, de la vertu et du bonheur. C'est donc une raison pour que la question des habitations à bon marché nous occupe tous également. Que les classes privilégiées facilitent de plus en plus à l'ouvrier, aux champs ou à la ville, la jouissance d'un vrai logis, où il sera en toute sécurité mari et père; que de leur côté, les ouvriers, convaincus que l'homme n'est nulle part plus certain de goûter le bien-être et de rencontrer le bonheur qu'auprès du foyer, transforment à force de soins, d'ingéniosité, de patience et d'amour, le taudis dont ils s'accommodent trop souvent. Ainsi nous reverrons bientôt ces familles nombreuses, saines, vaillantes au travail et joyeuses, qui plus que jamais sont indispensables à notre pays.

LECTURES

1. — Le toit.

Je franchis d'un cœur ému le seuil de la demeure humaine, dont le seul nom résume, pour chacun, tant d'impressions et tant de souvenirs.

Le toit est d'abord un abri. Le froid et la chaleur, toutes les intempéries et tous les ennemis, poussent l'homme à le créer et à le fortifier. A qui manque ce refuge, tout manque. Pour décrire d'un trait la suprême misère, nous disons d'un homme qu'il est sans feu ni lieu. Voulez-vous, au contraire, une des plus parfaites images du bonheur civilisé, la voici : une famille au grand complet, jeunes et vieux en cercle, sous le toit protecteur, près d'une joyeuse flambée, où le repas du soir chante dans le grand chaudron.

Mais le toit est autre chose qu'un abri, il est un centre de stabilité. Si l'homme n'avait pas besoin de demeure pour se couvrir et se garantir, il se sentirait pressé de trouver, dans ce vaste monde, un coin à lui, un *home* familier pour s'y fixer. Il est vrai que la vie est un voyage et nous tous des pèlerins ; mais nous cherchons une patrie. Le plus intrépide voyageur, l'explorateur le plus infatigable ne saurait, sans fin ni trêve, voguer de de lieu en lieu. Après l'attraction du lointain, les courses aventureuses, les périls affrontés, les spectacles contemplés, le désir s'éveille au cœur de rencontrer un gîte. Plus nous avons vu de pays, d'hommes et de choses, plus l'intime soif grandit de la demeure stable, de la paix et des affections du foyer domestique. Le Juif Errant lui-même n'a qu'un soupir : faire une halte, et pour toujours.

Abri sûr, point de ralliement où tous ses chemins le

ramènent, le toit, pour l'homme, est autre chose encore, et plus que cela. C'est une des formes matérielles, en qui se traduit et se manifeste son esprit. L'homme a besoin de se créer un monde à son image, qui l'aide à s'affirmer, à se rester fidèle à lui-même. La demeure est le résumé de ce monde. Rien ne parle autant de notre for intérieur que notre maison. Il y a en elle un langage saisissant. Depuis l'abri rudimentaire et grossier jusqu'à l'habitation la plus accomplie, toute maison révèle l'âme de l'habitant... Bâtir a toujours été un acte de foi et une déclaration de principes. L'homme assied sa maison sur le fond qui lui inspire le plus de confiance, avec les matériaux qui lui paraissent offrir le plus de garantie, et il sait lui donner la figure de son âme, la physionomie de son goût, l'allure de sa volonté. Sa demeure est ornée de sa vertu, chaude de sa tendresse, souillée de son impureté. Sa bienveillance y sourit, sa méchante humeur y grogne. La maison de l'un est comme une bauge de sanglier, farouche et de mauvais accueil; la maison de l'autre est avenante et familière, même à l'hôte d'un jour, à l'étranger qui passe. Ici on se voit entouré comme d'un parfum religieux, c'est presque un sanctuaire. Là, tout rappelle les intérêts positifs, le calcul, l'âpre combat pour la possession : vous vous croiriez au marché ou à la Bourse. Ailleurs, dès le seuil, une atmosphère studieuse nous enveloppe : il s'exhale des lieux je ne sais quelle puissance de rêve et de pensée, qui gagne le visiteur le plus obtus. De nombreux intérieurs font penser au restaurant, à l'hôtel et même à une gare de chemin de fer. Dans certains autres, on se rappelle involontairement ce passage du livre de Job : « L'hypocrite construit sa maison, comme l'araignée construit sa toile. » Tout y est combiné pour circonvenir, leurrer, séduire.

Cet esprit des lieux se respire, se sent et prouve son pouvoir par mille organes. Il est d'une réalité si intense, qu'il se manifeste là même où l'homme n'a aucune prise sur la forme extérieure de sa demeure. Prenez, au hasard, dans une de ces vastes maisons ouvrières qu'on appelle casernes, sur le même corridor, une dizaine d'habitations. Elles sont identiques : même taille, même exposition, même plan. Et pourtant elles diffèrent entre elles d'une façon notable, et présentent parfois d'étranges contrastes. On n'y respire pas le même air. Telle est la différence des impressions reçues, qu'en passant de l'une dans l'autre, on croit avoir franchi une frontière, émigré dans un autre continent. C'est qu'une chambre, voire une cellule de prison, prend la physionomie du locataire. Les mêmes gants, sur des mains différentes, les mêmes vêtements et les mêmes chapeaux de femme, portés par d'autres personnes, changent d'aspect et se transforment selon la taille, l'esprit et l'éducation de celles qui s'en servent. Et les mêmes murs, encadrant d'autres personnes, produisent un effet tout différent.

C. Wagner, *Auprès du foyer*. (A. Colin et Cie, éditeurs), 3 fr. 50.

2. — Importance capitale de la question du logement des ouvriers.

On ne saurait trop insister sur la réforme des logements, car c'est toujours de là qu'il faut partir quand on veut renouveler la vie de famille, et la renouveler sans sermons et sans patronage, par la force même des institutions. Ceux qui veulent connaître la situation des ouvriers et des ouvrières, sans les avoir vus chez eux, ressemblent aux géographes qui ne connaissent le monde que par des récits de voyages. C'est une vérité incontestable que, dans les villes industrielles, beaucoup d'ouvriers sont plus mal logés que les condamnés à la réclusion. Cela tient à ce que l'usine ne se recrute pas dans la ville où on la fonde ; à peine est-elle bâtie et en activité, que de très loin on accourt lui demander un salaire. L'usine est là, avec ses ateliers; mais au dehors il n'y a de place que pour l'ancienne population; la nouvelle s'y installe comme elle peut, c'est-à-dire que trois ou quatre personnes prennent la place d'une seule. Cela même, le défaut d'air, est meurtrier; mais cela entraîne en même temps mille inconvénients ou plutôt mille malheurs, car le mot n'est pas trop fort. D'abord la malpropreté. Cette accumulation dans un étroit espace empêche de ranger, de balayer; il n'y a pas de place pour les meubles les plus nécessaires, pour les ustensiles. La promiscuité des sexes a des inconvénients d'un autre genre et beaucoup plus graves. Notez que nous pensons surtout aux enfants, et qu'ils vont grandir dans ce taudis, sans air respirable, au milieu d'immondices et dans une situation à ne jamais comprendre plus tard ce que c'est que la décence. La plupart du temps, l'enfant couche dans le même lit avec le père et la mère, ou pêle-mêle avec toute la famille, quand elle est nombreuse. Dès qu'il peut se traîner à quatre pattes, avant même de savoir marcher, il cherche la rue, et il a raison, elle lui vaut mieux: quelle ressource! Cette chambre qu'il fuit est quelquefois un grenier ouvert à tous les vents, quelquefois une cave obscure, humide, faite exprès pour donner des rhumatismes et des maladies de peau. Cette misère du logement est une cause infaillible de misère d'une autre sorte; car les vêtements, si on en a de rechange, s'y pourrissent; les meubles y sont vermoulus; on n'y peut conserver trois mois une paillasse. Il faut savoir cela, il faut oser le dire. Il serait cruel de dédaigner les petits détails, qui sont de grandes souffrances. L'étroitesse du logement excluant tout approvisionnement, il faut tout acheter au détail, le charbon, la chandelle, ce qui accroît les dépenses et devient une source de dettes, c'est-à-dire de ruine. Trop souvent il est impossible de faire du feu, faute de cheminée ou parce que la cheminée est mauvaise; on achète des aliments tout préparés, ou l'on va dîner hors de la chambre. Supposez une maladie contagieuse, aucune précaution n'est possible.

... Pour ne pas voir que cette triste chambre est pour moitié dans le succès du cabaret, il faut n'avoir jamais su ce que c'est que le besoin de repos et de distraction après douze heures de fatigue. Or, le cabaret, c'est d'abord la ruine matérielle, c'est ensuite la maladie pour le père, et quelle maladie ! Non pas un de ces maux d'aventure, dont le malade souffre seul ; non, non, cette maladie-là entre dans le sang, elle le corrompt ; elle passe comme une malédiction du père au fils. Des centaines de pauvres enfants ne reçoivent qu'un sang vicié dans leurs veines. Même l'aisance, même les soins assidus ne les rendraient ni vivaces ni robustes. Et quel spectacle pour eux, quand ils commencent à penser! Un père absent ou ivre, une mère épuisée, des haillons sordides, un logis crasseux et ignoble ; au dehors, des riches qui passent... Supposons la mère aimante, dévouée, fidèle, une vraie mère ; que fera-t-elle ? C'est celle-là qui, pour nourrir les siens, s'emprisonnera douze heures par jour dans un atelier et livrera ses enfants à l'abandon. Que ferait-elle dans cette chambre ? Viendrait-elle seulement à bout de la laver et de la ranger ? Verrait-elle près de cette lucarne l'aiguille qu'elle tient au bout de son doigt ? Il ne servira de rien d'apporter un pain sur cette planche, de donner quelques linges, une chaussure, des soins dans une maladie. Ce qu'il faut, c'est une maison habitable, la cellule d'un prisonnier, pas davantage, avec une fenêtre ouverte, pour que le soleil entre par là. Il faut que la mère puisse acheter un berceau et trouve à le placer ; il faut qu'elle accoutume les yeux de son enfant à se reposer sur des murs bien propres ; qu'elle colle sur la muraille une pauvre estampe ; qu'elle mette sur la fenêtre un pot de fleurs ; qu'il y ait au moins une bonne chaise, pour que le père puisse s'y asseoir quand il revient à la nuit et prendre l'enfant sur ses genoux. S'il y a de plus, dans quelque coin, un bon livre, doux et cher compagnon de la veillée, qui donne de l'instruction et inspire de saines pensées, voilà un intérieur pour se reposer de la fatigue et pour sentir les plus doux et les plus nobles plaisirs dont le cœur de l'homme soit capable. Voilà, pour les petits êtres qui s'élèvent, une atmosphère saine et vitale ; de l'air, un peu de confort, de la bonne humeur, de chaudes amitiés, une provision de bonnes leçons et de joyeux souvenirs ; voilà, enfin, la plus grande, la plus noble, la plus sainte, la plus nécessaire des institutions, voilà la famille ! Mais n'oublions pas que le seul moyen de la faire renaître, c'est d'abord de lui faire son nid.

J. Simon, *L'Ouvrier de huit ans*, ch. II. (Librairie internationale).

Xavier Treney, *Les grands économistes des XVIII*e *et XIX*e *siècles* (A. Picard et Kaan, éditeurs).

3. — Influences morales dérivant de la possession et de la jouissance de l'habitation.

L'importance qu'il convient d'accorder à la question du logement tient surtout à ce que ce genre de jouissance contribue plus que toute autre à développer chez l'ouvrier les goûts de la propriété et les sentiments moraux qui s'y rattachent.

Dans l'état actuel de la civilisation européenne et en dehors de quelques districts privilégiés, il n'existe pas un ouvrier sur dix qui, devenant tout à coup possesseur d'une somme d'argent, ait assez d'empire sur lui-même pour la conserver intacte et pour se contenter du surcroît d'aisance produit par l'intérêt de cette somme. Cette remarque, qui s'applique à toutes les races et à toutes les régions, est l'un des points de départ essentiels de toute tentative d'amélioration sociale. Un immense mouvement de fraternité qui conduirait à répartir entre toutes les familles ouvrières le capital disponible de l'Europe n'aurait pas d'autre résultat que de faire dissiper en consommations folles les neuf dixièmes de ce capital. L'aptitude du propriétaire ne se communique pas en effet par la simple allocation de la chose à posséder ; elle ne dérive pas même nécessairement de l'aptitude plus ou moins grande à acquérir ; elle réside toute entière dans la tempérance qui règle les besoins physiques en maintenant la dépense au-dessous de la recette, et dans la prévoyance qui conserve la chose épargnée. Cette imprévoyante philanthropie, en excitant d'insatiables appétits, provoquerait donc la dégradation des classes laborieuses ; elle arrêterait immédiatement la marche de cette émancipation réelle qui s'accomplit chaque jour, trop lentement sans doute, mais au moins d'une manière sûre et progressive, sur l'influence du travail, de la tempérance et de l'épargne. La Providence a ainsi tracé les voies qui conduisent à la propriété ; comme la terre de Chanaan, la propriété ne peut s'acquérir que par une longue suite d'épreuves : ceux-là sont de faux prophètes qui promettent aux classes dépourvues l'admission immédiate dans la terre promise !

Il faut constater cependant que beaucoup d'ouvriers européens, plus de la moitié peut-être, ont atteint un niveau moral assez élevé pour posséder en toute propriété l'habitation de la famille. Tel ouvrier qui ne résistera pas à l'attrait des jouissances physiques qu'il peut se procurer immédiatement au moyen d'une somme d'argent, qui n'attachera à la conservation de cette somme d'argent aucune satisfaction personnelle, n'aura pas même la pensée de se procurer ces jouissances en aliénant sa chaumière, le jardin et l'étable qui y confinent ou les animaux qu'il y nourrit ; souvent même on le verra, comme le paysan russe, consacrer ses loisirs à orner sa demeure, et trouver dans cette occupation sa plus agréable diversion au travail. Cette différence profonde entre les sentiments éveillés par la possession de l'habitation de la famille ou par la possession d'une somme d'argent est la conséquence d'une inclination fondamentale de la vie humaine. Parvenu à un certain degré de civilisation, l'homme attache un intérêt intime aux lieux où se sont accomplis les principaux événements de la vie domestique, la mort des parents, la naissance des enfants, etc.; encouragés par l'exemple, fortifiés par l'habitude, ces sentiments peuvent acquérir une énergie comparable, à quelques égards, à celle que la religion inspire. Il faut, au contraire, un développement assez considérable d'intelligence et de moralité pour apprécier les avantages inhérents à la conservation d'un capital placé à intérêts et surtout pour se pénétrer des devoirs que la possession de ce capital impose envers la famille et la société. Il faut également exercer un certain empire sur ses passions pour préférer la sécurité et l'indépendance qu'assure la perception d'un intérêt annuel aux jouissances éphémères mais beaucoup plus larges qu'on peut tirer de la consommation immédiate de ce capital.

Le Play, *Les Ouvriers Européens*, ch. III, 2e section. (Imprimerie nationale, 1855).

Xavier Treney, *Les Grands Économistes des XVIII*e *et XIX*e *siècles*, (A. Picard et Kaan, éditeurs).

4. — Les poussières.

Il n'y a pas de vie sans mouvement. Tout mouvement dans la vie est une usure et une fabrication de poussière. Quand nous marchons, le sol et les chaussures s'usent sous notre pesante progression ; quand nous nous asseyons, notre siège s'use partout où notre corps bouge ; il use lui-même le siège qui le porte ; quand nous mouvons les bras ou les jambes, nos habits se détériorent aux jointures ; quand nous coupons les pages d'un livre neuf, quand nous feuilletons une brochure, quand nous manions des dossiers, quand nous déplions notre journal, nous usons du papier. A tout instant nous faisons de la poussière visible ou invisible autour de nous. Quoique mal aperçue dans nos intérieurs, cette production est considérable ; et bien plus considérable est encore celle qu'alimentent tous les métiers qui manutentionnent les matières : bois, pierres, métaux ou objets quelconques. On peut remarquer déjà que ces résidus des usures mécaniques sont de deux sortes. Les uns sont composés de grains assez gros et assez lourds pour tomber immédiatement sur le sol. Nommons-les poussières *jacentes*. C'est à un balayage humide qu'il appartiendra d'en débarrasser nos intérieurs. Les autres au contraire, composés de grains fins et légers sont pris en suspension par les mouvements de l'air et déposés sur les meubles quand le calme atmosphérique se fait. Nommons-les poussières *volantes*. Mais un autre ordre de matières vient se mêler à ces poussières mécaniques. Ce sont les matières organiques que nous transpirons et qui contaminent les poussières légères. Cette observation condamne la pratique générale des *époussetages*. Faire un ménage soigné, c'est, selon l'usage, passer le plumeau sur tous les meubles et faire voler les poussières qui s'y sont déposées. On ne nettoie réellement rien par ce procédé. Le plumeau n'a pas plutôt disparu que la poussière est retombée à sa place première. Les poussières sont contaminantes. Il faut les supprimer. Il n'y a qu'un moyen de le faire : c'est d'essuyer soigneusement avec un linge *un peu* humide les surfaces empoussiérées et de laver le linge après l'opération.

EMILE TRÉLAT, *La Salubrité, la Vie nationale*. (E. Flammarion, éditeur), 3 fr. 50.

CHAPITRE III

L'économie domestique.

SOMMAIRE. — M. de Hérédia : *Villula;* que son Gallus satisfait de son destin borné n'est point un sage. Comment s'établit un budget de famille; trois méthodes : 1° la méthode Coupeau ; 2° la méthode Gallus ou des rentiers, l'almanach Hachette; que l'argent n'est point la richesse; 3° la méthode de l'ouvrier, l'effort vaillant et ininterrompu, l'étudiant américain, les jeunes suissesses, etc. Deux règles : 1° s'interdire les plaisirs malsains, boisson, tabac, jeu; que ces plaisirs égoïstes sont de faux plaisirs, détruisent l'énergie; 2° étudier, afin de le mieux jouer, le rôle de père de famille ; comment on forme sa femme, l'*Économique* de Xénophon. Provision c'est destruction, suivant les cas. Tout surveiller, s'intéresser, s'entendre à tout; mot de Joubert : « Gouverner sa maison, c'est être vraiment citoyen »; le livre de raison.

Dans le chapitre précédent, on conseillait à l'ouvrier de quitter la ville, de s'installer aux environs : on disait en particulier que la campagne, la banlieue, pouvaient offrir aux travailleurs des logements médiocrement confortables, sans doute, mais salubres et peu coûteux. Or, dans les *Trophées* de M. de Hérédia se trouve la description d'une maisonnette champêtre que le poète appelle une « villula », une petite villa. Sur quelques-unes des idées qui sont exprimées dans cette pièce exquise, il y aurait profit à s'arrêter un moment avant d'entamer la très grave question du budget. Dans une étude où les chiffres ont une part fort grande, et que, de propos délibéré, j'ai abordée par ce qu'on appelle à tort les petits côtés, j'aime à céder la parole aux poètes. J'ai suffisamment prouvé que je n'entendais pas chercher le bonheur dans les pays du rêve, ni oublier jamais que ceux pour qui j'écris gagnent leur pain à la sueur de leur front; mais je crois aussi que même pour les plus humbles, le bonheur n'aurait ni tout son prix, ni toute sa saveur s'il ne s'y mêlait un grain de poésie; c'est pourquoi j'appelle volontiers à mon secours les poètes. Cependant, cette fois, on peut admirer les vers sans approuver tout ce qu'ils disent :

Villula (la petite villa).

Oui, c'est au vieux Gallus qu'appartient l'héritage
Que tu vois au penchant du coteau cisalpin :
La maison tout entière est à l'abri d'un pin,
Et le chaume du toit couvre à peine un étage.

Il suffit pour qu'un hôte avec lui le partage :
Il a sa vigne, un four à cuire plus d'un pain,
Et dans son potager foisonne le lupin ;

C'est peu... Gallus n'a pas désiré davantage.
Son bois donne un fagot ou deux tous les hivers.
De l'ombrage, l'été, sous les feuillages verts;
A l'automne, on y prend quelque grive au passage.

C'est là que, satisfait de son destin borné,
Gallus finit sa vie où jadis il est né;
Va, tu sais à présent que Gallus est un sage.

Un sage? oui et non.

Assurément, nous ne saurions louer trop fort son attachement au sol natal; ce brave qui ne se laisserait point enrôler par M. Barrès dans les bandes de ses « déracinés », a compris qu'une des conditions du bonheur est de finir sa vie où on l'a commencée, en ces lieux où les objets inanimés eux-mêmes, semblent avoir une « âme »

Qui s'attache à notre âme et la force d'aimer [1].

Gallus sait aussi combien le spectacle d'une belle nature nous remplit de calme et de joie. Ce coteau cisalpin, ce site pittoresque, ce pin qui ombrage la maisonnette, cette vigne et ce bois qui l'entourent, voilà plus qu'il n'en faut pour rendre le sort de Gallus enviable.

Deux détails toutefois ne me plaisent guère. Il invite un ami, très bien; mais où sont les enfants? où est la femme? Toute hospitalière qu'elle soit, cette demeure sent le célibat; vilaine affaire. Aux jeunes Français souhaitons la maison de Gallus; qu'ils soient les héritiers de ce faux sage, mais non pas ses imitateurs. Arrangeons tout au mieux, admettons que ce solitaire a perdu sa famille. Au lieu d'écrire à son ami et d'inviter un hôte pour quelques semaines, ne saurait-il trouver au bourg voisin, lui qui a le couvert et le vivre assurés, quelque honnête et pauvre femme qui l'aiderait à cuire son pain,

1. Lamartine, *Milly*.

avec laquelle il partagerait sa grive, auprès du feu où pétille son fagot? Vite, ami, allez-vous-en par devant le préteur; avec cette compagne, qui vous devra son pain, à laquelle vous devrez le bonheur de vos derniers jours, échangez les belles paroles de la coutume romaine : « Femme, veux-tu être ma mère de famille? — Je le veux. — Homme, veux-tu être mon père de famille ?— Je le veux [1] ».

Mais n'anticipons pas sur la question du mariage, laquelle viendra au chapitre suivant. Puisque actuellement, nous ne devons parler que d'économie domestique, il nous faut chicaner Gallus uniquement sur ses « lupins » et sur le « destin borné » dont il s'arrange, à notre gré, trop aisément.

Quoi! de mauvaises fèves de loup [2] le contentent! et il possède un coin de terre et deux bras pour l'ensemencer! A l'automne, une fois l'an, s'il en passe, il lui suffit de prendre quelques grives! et tout le reste du temps il est au régime des fèves de loup! Il ne sait donc rien faire de ses

1. Les formalités du mariage entre pauvres gens se passaient d'abord devant le « peseur public », où le mari achetait sa femme au prix d'un as (6 centimes 3/4), puis au tribunal du préteur où se prononçait la formule que nous citons.

2. Au mot *lupin*, Littré dit : « Plante légumineuse à feuilles digitées... La farine du lupin est une des quatre farines résolutives (*résolutif :* qui fait disparaître les engorgements sur lesquels on l'applique) des anciens. Du latin *loup*, parce que cette plante dévore, épuise la terre, ou bien parce que cette graine à peine mangeable n'était bonne que pour les loups. »

dix doigts! Ces goûts mesquins, cette résignation molle, cette décision prise de ne point améliorer sa condition, ni de fertiliser, arrondir, transformer son domaine ne disent rien qui vaille. Voyez-vous, je ne m'y trompais point : ce retraité n'a jamais servi dans l'active, jamais il n'a eu femme ni enfant; jamais il n'a aimé, peiné, créé; ce n'est qu'un célibataire retiré dans un maigre fromage des Alpes! Aussi, à l'économie domestique, Gallus, le théoricien du « destin borné », l'ami de la formule : « Serrons-nous le ventre plutôt que de nous fatiguer l'échine », n'entend rien de rien; ce n'est pas à lui que nous demanderons comment s'établit le budget d'une famille.

Pour établir ce budget, nous connaissons trois méthodes: la sienne que nous reprendrons tout à l'heure; la méthode Coupeau, que nous allons tout de suite examiner; enfin la vraie méthode, la seule qui soit digne de l'ouvrier, c'est par celle-là que nous terminerons.

La méthode Coupeau n'est certes pas compliquée. Elle consiste en ceci : ne rien prévoir, ne jamais se priver pour économiser, et vive la rigolade! « Lui, rigoleur, ne s'embarrassait pas de l'avenir. Les jours amèneraient les jours, pardi! on aurait toujours bien la niche et la pâtée...[1] » L'économie domestique de Coupeau et de ses pareils repose sur cet unique commandement au-

1. *L'Assommoir*, page 58.

quel ils obéissent avec une religieuse ponctualité : « Mangeons et buvons, car demain nous mourrons. » Ils disent encore volontiers, en parlant de la vie, qu'ils la veulent « courte et bonne ». L'ont-ils bonne? c'est douteux. Mais ils ne l'ont pas toujours aussi courte qu'il le faudrait, soit pour eux, car ils sont vite réduits à vivre de privations, un régime qui n'est guère de leur goût, soit pour la société, laquelle dépense gros à nourrir ces insouciants dans ses hospices ou ses prisons. Ai-je besoin d'ajouter que ce n'est point la méthode que je recommande?

La méthode Gallus n'est guère meilleure. On pourrait l'appeler la méthode des rentiers. L'*Almanach Hachette* donne chaque année sous le titre de « Notre Budget » un tableau d'après lequel l'ouvrier qui gagne 3 francs par jour devrait établir son bilan de la manière suivante :

Je gagne 3 francs par jour; comptons 300 jours de travail, soit. . fr.	900
Ma femme et mon enfant gagnent par an.	300
Ce qui fait un gain total de. . fr.	1200

Pour parer aux chômages, maladies, naissances, etc., prélevons 200 francs. Restent donc 1000 francs avec lesquels il s'agira de faire manger trois personnes au moins, pendant 365 jours ; il faudra les loger, les vêtir, les chausser, fournir à tous leurs besoins avec une dépense quotidienne de 2 fr. 75.

Est-ce possible?

C'est possible. Mieux : cela est. Que de familles vivent avec cette somme, avec moins encore! Mais aussi, ces familles sont mal logées, mal vêtues, mal nourries; la femme travaille sans relâche, même quand sa santé lui commanderait le repos, et l'enfant aussitôt qu'un patron consent à l'employer.

Les conséquences ne sont que trop faciles à connaître. Cette chambre étroite, sans air, où pêle-mêle grouille toute la famille; cet affreux logement que nous ont décrit MM. de Nouvion, Picot et Zola[1], nous savons ce qu'il fait de l'âme et du corps des enfants : chétifs, rachitiques, ignorants, vicieux, ils végètent jusqu'au jour où ils échouent à la fosse commune, ou à l'asile de tuberculeux, ou dans la colonie pénitentiaire. Le père et la mère, après avoir lutté contre la misère, succombent à la peine et s'étourdissent en buvant. Et la famille est perdue. Calculez, si vous le pouvez, tous les malheurs qui, pour le pays, pour l'humanité entière, sortiront de là.

Quand j'y songe, et que c'est là l'histoire de milliers et de milliers de pauvres gens aux souffrances desquels nous devons notre bien-être, j'ai honte du sujet de ce livre. Est-il permis de parler du bonheur à d'autres qu'aux favoris de

1. Voir page 65.

la fortune? Est-il même possible qu'il y ait place pour le bonheur dans nulle existence, tant que n'auront pas disparu les misères et les souffrances?

Je voudrais, vers les malheureux, aller les mains pleines d'or. Mais cet or, et ceci me rend un peu courage, me détermine à continuer, je sais qu'il ne leur donnerait point le bonheur. Non, car le bonheur ne peut venir à personne, par un don gratuit; comme ces richesses que mon désir voudrait prodiguer aux malheureux, le bonheur s'achète et se crée par l'effort persévérant et réfléchi de l'être humain. La richesse du monde est l'œuvre des générations qui, sans trêve ni repos, durant des siècles, à la terre ont mêlé leurs sueurs; aujourd'hui le monde est plus riche qu'il ne l'était il y a mille ans, parce qu'il y a plus de champs labourés, plus de mers parcourues, plus de substances maniées, remaniées, fécondées par l'infatigable ingéniosité humaine. « La richesse c'est l'homme ajouté à la nature »; le mot de Bacon est vrai ici plus encore qu'à propos de l'art. Aussi, un enchanteur remplirait nos coffres de louis d'or, en vain : il ne nous rendrait pas plus riches. C'est la quantité des objets qu'on se peut procurer dans un pays pour un louis d'or, qui fait la richesse ou la pauvreté de ce pays, et cette quantité dépend de nous. Quand les humains déploient toutes les puissances de leur esprit pour manufacturer les matières premières, l'humanité s'enrichit; autrement dit, ce qui fait la richesse c'est l'effort intelligent. C'est à l'effort intelligent que, pareillement, nous devons demander le bonheur [1].

Et voilà pourquoi j'ose dire à l'ouvrier de ne point se résigner à son destin borné, de ne point calculer ses dépenses d'après ses revenus, ainsi e fait le rentier; mais, s'il le peut, de calculer ses revenus sur ses dépenses, ce qu'un rentier ne saurait faire. Car, si le rentier a l'avantage d'être sûr, autant qu'on peut l'être, d'avoir son revenu toujours, il est, sauf exceptions, incapable de rien faire pour augmenter ce revenu ou pour le remplacer, si le capital vient à disparaître; et cette incapacité il la connaît, parfois il s'en vante, s'il est vain; parfois il s'y complaît, s'il est lâche à la besogne. Mais l'ouvrier, que diable! est l'ouvrier! Ce mot entendons-le dans toute la richesse de sa compréhension : œuvre, ouvrage, travail, mise en valeur, production, énergie créatrice... Voilà ce qu'il contient, ce mot puissant et

1. Faut-il redire que le bonheur, pour nous, c'est l'action, ce sont les luttes de la vie acceptées vaillamment, c'est l'ardent labeur de l'homme voulant que le règne de l'humanité vienne par la réalisation du bien. « Nous avons reçu le monde comme un héritage qu'il n'est permis à aucun de nous de détériorer; mais que chaque génération, au contraire, est obligée de laisser meilleur à la postérité. » (Joubert, 187, 12). Aussi n'avons-nous, nulle part, considéré la puérile conception de N. Droz, lequel dit que pour être heureux, il faut avoir une bonne santé, quelque aisance, de bons amis, une aimable femme, aimer les livres et la musique, et loin des passions qui enchaînent, consacrer un loisir indépendant à goûter les plaisirs simples d'une vie innocente!...

fécond. Et vous voudriez que le travailleur, le producteur, le créateur adoptât les errements de l'impuissance et de l'inertie ! Mais c'est pour lui la misère et la mort !

Voici comment l'ouvrier jeune, robuste et vaillant, doit raisonner avant de se mettre en ménage :

Voyons combien coûtera pour une famille :

		Francs.		
Un logement suffisamment vaste, très salubre et gai.	de	200	à	300
La nourriture pour quatre ou cinq bouches affamées . .	de	700	à	800
L'habillement, chaussures, etc	de	300	à	400
L'école pour les petits . . .	de	30	à	50
Les plaisirs (livres, journaux, théâtres, voyages, etc.) . .	de	90	à	150
L'épargne, l'assurance sur la vie, la Société de Secours mutuels, l'imprévu.	de	150	à	200
	de	1 470	à	1 900

Arrondissons ; l'ouvrier doit se dire : ce qu'il me faut gagner dans mes 300 jours, à moi tout seul, si je suis un homme, c'est quinze cents ou deux mille francs, une pièce de cinq à six francs par jour. Eh bien ! je les gagnerai[1] !

1. Suivant les régions, ce gain est plus ou moins nécessaire pour bien vivre, il est plus ou moins facile à obtenir ; ces chiffres sont donc très relatifs.

Quand un vaillant garçon se dit cela d'une certaine manière et sur un certain ton, il le fait.

Ce tour de force, n'attendez pas que je vous indique l'infaillible moyen de l'accomplir. Cela n'est point mon affaire, c'est la vôtre. Je ne puis que vous donner des conseils très généraux, utiles pourtant.

D'abord, connaissez-vous; sachez quelles sont vos aptitudes; surtout sachez ce que peut votre volonté, si vous êtes un fort, un énergique, un persévérant, un irrésolu, un changeant. Et tablez là-dessus, car là est l'essentiel; il y a longtemps qu'on l'a dit, et Claude Bernard l'a répété avec une grande autorité : nous réussissons plutôt par notre caractère que par nos talents. Puis, avant de choisir un métier, réfléchissez : ne postulez pas une place de garde-champêtre parce qu'on porte une belle plaque au bras, ou une loge de concierge parce qu'il n'y a qu'à tirer le cordon et à recevoir étrennes et deniers à Dieu. Prenez conseil de vos parents, de vos amis, de votre instituteur. Le choix fait, à la besogne donnez-vous de tout cœur. Sir Joshua Reynolds écrivait à un ami : « Celui qui a résolu d'atteindre à l'excellence dans la peinture, ou dans n'importe quel art, doit du moment où il se lève jusqu'à celui où il se couche, ne pas penser à autre chose. » Ainsi, quel que soit votre métier, proposez-vous d'atteindre à l'excellence, et pour cela, exercez-le avec conscience et amour : « Il faut aimer sa place, c'est-à-dire la bassesse ou la supériorité de son état. Si tu es roi, aime ton sceptre, si tu es valet, ta livrée [1]. » Ne soyez jamais de ces ouvriers à treize à la douzaine qui ne pensent qu'à arriver tard et partir tôt; soyez un ouvrier d'élite, de ceux que les patrons s'envient et qui obtiennent la haute paie. « As-tu vu un homme habile dans son travail? Il sera au service des rois [2]. » Ne vous bornez pas à la pratique de votre métier; aux moments perdus, apprenez celui du voisin; fréquentez les écoles professionnelles du soir, les cours de musique et de dessin, les bibliothèques, cultivez votre intelligence, familiarisez-vous avec les arts qui achèvent l'éducation de l'œil et de la main, en apprenant à bien regarder, puis à régler son mouvement et sa pensée d'après ce regard; bref, « travaillez, prenez de la peine ».

Ce ne sont point là de ces paroles que la réalité dément; ce ne sont point des rêveries d'utopistes qui, du fond d'un cabinet régentent à tort et à travers ceux qui sont aux prises avec les réalités. Tous, nous connaissons des hommes partis de très bas et que le travail a élevés très haut; on en pourrait citer plus d'un dans notre beau pays de France. Nous savons aussi qu'il y a de par le monde plus d'un pays où les hommes n'hésitent jamais quand ils ont à choisir

1. Joubert, 10, 20.
2. Salomon, *Prov.*, 22, 29.

entre ceci : restreindre sa dépense afin de joindre les deux bouts, et ceci : redoubler d'efforts pour vivre plus largement. En France et, à en croire M. Demolins[1], en particulier dans le midi, région de la cueillette, ces courageuses décisions sont assez rares : nous aimons mieux ne pas manger à notre faim, endurer les privations, accomplir des tours de force d'économie, diminuer nos dépenses plutôt que d'augmenter notre travail.

M. P. Bourget[2] raconte l'histoire d'un jeune Américain qui, n'ayant à compter que sur lui-même pour faire des études complètes, entra à l'Université avec 115 francs de dettes, y resta quatre années et en sortit ses examens passés, ses dettes acquittées, ses frais de pension payés, et même ayant mis de côté un petit capital. Quel est le jeune Français qui aurait voulu, ou que ses camarades auraient laissé gagner sa vie sur les bancs du collège, en servant à table, en copiant pour les élèves à l'aide d'une machine à écrire, etc.? M. P. Bourget a également connu en Amérique un nègre qui, à la belle saison, était domestique dans un grand hôtel, gagnait là de quoi suivre pendant l'hiver les cours du collège. Voilà des leçons d'énergie et des exemples que notre démocratie à la fois nonchalante et vaniteuse aurait profit à méditer. « Se passer de ce qu'on n'a pas est la vertu des moutons ; mais il

1. *Les Français d'aujourd'hui* (Firmin-Didot, éditeur).
2. *Outre-Mer*, II, page 97.

convient à des hommes de se procurer ce qui leur manque[1] », ajoutons : par les moyens que l'honnêteté diligente sait toujours trouver. En Suisse, lorsque l'été ramène les touristes et les malades vers les hautes stations, des jeunes filles de la moyenne bourgeoisie se placent dans les hôtels pour servir à table; elles gagnent ainsi leur dot et ont en sus le bénéfice d'une saison en montagne.

En France, de pareils procédés sont moins répandus, mais ils sont loin d'y être inconnus. Pour ma part, j'ai rencontré plus d'une famille laborieusement ingénieuse, dont les efforts multipliés élargissaient l'existence. Entre autres braves gens chez qui la modération dans les désirs était de la sagesse et non de la nonchalance ou de la lâcheté, et s'alliait avec la plus grande activité, j'ai connu un homme d'équipe, qui, au lieu de rester, dans l'intervalle des trains, à dormir sur un banc ou à fumer en causant avec les camarades, allait dans la cabine des télégraphistes, regardait, écoutait, se faisait expliquer, s'essayait sous leur direction à manipuler les appareils. Un jour, un des télégraphistes frappé d'apoplexie tombe à son poste; grand embarras pendant qu'on court en ville à la recherche de son collègue.

L'homme d'équipe s'offre en attendant, est employé, reçoit, transmet les dépêches. Il prit le

1. J.-B. Say, *Cours d'économie politique*, part. IV, chapitre I.

service ce jour-là, ne le quitta plus. Vous me direz : « Il a eu de la chance. » Non. « Le hasard est ordinairement heureux pour l'homme prudent [1]. » Et mon ami l'homme d'équipe était un garçon prudent, avisé. Une fois installé au télégraphe, il eut des heures de liberté plus nombreuses. Est-ce au hasard qu'il dut de les faire fructifier, ou à lui-même? On va voir. La ville était grande, amie des fleurs; dans le jardinet de sa maisonnette il faisait pousser des plantes rares et sa femme les vendait. Quand je l'ai connu, son emploi à la gare était assuré et lucratif, et sa femme avait, par son commerce de fleurs, une source de gains; ses deux filles étaient couturières, travaillaient de leur métier à la maison; pour le fils, venu le dernier, on avait des ambitions plus hautes : il irait au lycée, entrerait à l'Ecole centrale, deviendrait ingénieur-électricien. La famille vivait largement, était heureuse.

Aux indications générales que nous avons données, on peut ajouter quelques règles strictes d'économie domestique que des Français comprendront et accepteront aisément, comme les acceptait le brave homme dont je viens de parler.

Une première règle est de s'interdire absolument tout plaisir malsain; une seconde dans laquelle on ferait rentrer sans peine la première, est d'étudier à fond, de manière à le jouer en conscience, le rôle de père de famille.

1. Joubert, 10, 24.

Les plaisirs malsains, lesquels, du reste, sont de faux plaisirs, la boisson, le tabac et le jeu, réunissent tout ce qui devrait les faire exécrer par un honnête homme. En effet, ils sont coûteux, ils sont improductifs, pis même, destructifs, enfin, ils sont égoïstes. On a calculé qu'à Paris un ouvrier sobre dépense environ cinquante centimes par jour en apéritifs; cela fait 182 à 183 francs par an. C'est une jolie somme qu'il serait facile d'économiser. Quel doit être alors le gaspillage de ceux qui ne sont pas sobres? On sait que la consommation quotidienne du tabac s'élève en France à la somme effrayante de un million et demi de francs. D'où sort-il, ce million et demi, sinon en grande partie de la poche des ouvriers? Que de pain pour les enfants, que de souliers, que de livres, que de jouets on achèterait avec cette fortune qui, chaque jour, s'en va en fumée! Et le jeu sous toutes ses formes, depuis la manille, où les consommations sont l'enjeu, jusqu'aux paris du champ de courses, croit-on qu'il n'exerce ses ravages que dans le monde des millionnaires?

Encore, si ces plaisirs produisaient un accroissement d'énergie, stimulaient les intelligences, élargissaient les âmes, amenaient enfin une plus-value de ceux qui s'y livrent, on les excuserait, on dirait : « Il boit, il fume, il joue, mais il n'en est que meilleur ouvrier; la boisson rend son coup d'œil plus sûr, sa main plus légère, son goût du travail plus ardent, son honnêteté plus scrupuleuse et plus invincible ». Il y a des plaisirs qui réalisent de pareils miracles : les sports, les voyages, la musique, le théâtre secouent les nerfs, chargent de fluide la machine, nous usent peut-être, mais en forçant le rendement. Mais la boisson et le tabac (est-il besoin de le dire?) stupéfient le cerveau, détériorent les organes, rendent de plus en plus pénibles les plus simples fonctions. Voyez le fumeur qui ne sait plus parler, achever les phrases, trouver les mots; « Chose, Machin, histoire » reviennent sans cesse dans ses propos, remplacent le nom, le mot que la langue hésitante ne peut rattraper. Quant au jeu, avec l'attente angoissante de ce qui va se produire, avec les émotions soudaines, avec les appels à la chance, les invocations stupides, les mascottes, les porte-veine, il est le déprimant par excellence, le mode le plus prompt, le plus sûr de l'abrutissement.

Enfin, ces plaisirs — ces faux plaisirs, puisque toujours ils sont suivis de dépression, d'épuisement, de détérioration, tandis que les vrais plaisirs accélèrent le mouvement vital, augmentent les forces, mettent en joie, — ces faux plaisirs sont des plaisirs égoïstes que goûte uniquement la seule personne qui les prend. Que dis-je? cette personne même ne peut prendre ces plaisirs-là sans porter préjudice à un nombre incalculable d'êtres humains. Oui, l'ivrogne vole le pain de ses proches, dupe son patron auquel il a promis un ouvrier lucide, délié, sûr et donne un engourdi, un lambin faiseur de malfaçons; il nuit à la société qui sera bientôt forcée à le nourrir sans qu'il travaille, à l'humanité tout entière qu'il dégrade en sa personne et en la personne des enfants rachitiques, scrofuleux, dégénérés qu'il a mis au monde pour les faire pâtir. Voyons les choses comme elles sont : l'absinthe que vous buvez, la fumée que vous soufflez d'un air si dégagé, les cartes que vous battez si attentivement, qu'est-ce donc que tout cela? C'est du bonheur détruit, ce sont des larmes, c'est de la souffrance humaine, c'est du sang et non pas seulement vos larmes et votre sang, mais celui des vôtres, mais celui de générations et de générations !

L'excuse souvent est celle-ci : « Je ne puis pas m'en passer! » Il y a pourtant des gens qui se passent de ces faux plaisirs. Je ne parle pas des hommes — car on en trouve[1] — qui ne fument point, ne boivent point, ne jouent point; mais les femmes des ivrognes, des fumeurs, des joueurs, leurs enfants, pourquoi n'auraient-ils pas eux aussi des besoins impérieux? Le raisonnement

1. Seulement le monde ne s'en doute guère, parce que le bien ne fait pas de bruit, et aussi parce que ceux qui sont austères n'ont pas coutume de s'en vanter, suivent, sans la connaître, la maxime d'Epictète : « Si tu as réglé avec frugalité tout ce qui concerne le corps, ne t'en vante point; et si tu bois de l'eau, ne dis pas à tout propos : je bois de l'eau. » *Manuel*, 47.

est magnifique! Parce que je suis le mari, le père, le maître, j'ai droit au nécessaire et au superflu! aux autres les jours sans pain, les lits sans couvertures, et, s'ils se plaignent, les coups!

Combien avais-je raison, tout à l'heure, de dire que toute l'économie domestique peut se réduire à ce seul précepte : soyez un bon père de famille. Un bon père ne saurait être un mauvais mari, un bon père ne peut pas être un ivrogne, un fumeur, un joueur. Arrangez les choses comme il vous plaira, jamais vous ne ferez entendre à un vrai père que le pain de la famille, il a le droit de le boire, de le fumer; que la joie, la santé, la vie des siens, lui appartiennent; et que s'il veut, pour bourrer sa pipe ou emplir son verre, il est le maître de prendre des cartes et de les jouer.

Le père de famille n'a qu'un droit, c'est d'être, dans la maison, aimé avec vénération. L'amour dans la famille s'acquiert aisément; la vénération est à plus haut prix : elle est la récompense de ceux-là qui font en conscience leur métier de père. Et c'est un rude métier; mais il n'en est pas de plus noble. Le peuple romain qui subjugua le monde, avec le titre de « citoyen » n'en voyait pas de plus beau que celui de « *pater* »; ce mot était synonyme du mot roi; on l'employait à l'égard de tous ceux qu'on voulait honorer; il contenait en lui l'idée de puissance, d'autorité, de dignité majestueuse.

Et les choses n'ont pas changé : « Chaque père de famille, dit un philosophe de notre siècle, devrait être *pontife et roi* dans sa maison [1]. » Comprenez bien qu'il ne s'agit pas que le père se fasse encenser comme une idole, ni redouter comme un tyran. Il s'agit que sa conduite soit irréprochable et que son action se fasse sentir partout. Le rôle du père n'est pas de tout faire, mais de tout inspirer et de tout surveiller.

Celui qui est vraiment digne de cet emploi aura commencé par choisir une femme capable de le seconder, ou, si elle est inexpérimentée, malhabile, il l'instruira de ses devoirs.

Un des livres les plus intéressants de l'antiquité est celui où le grec Xénophon nous montre un Athénien faisant doucement la leçon à sa jeune femme. La mère, apparemment, n'avait guère appris à sa fille qu'à manger des friandises et à se parer. Ischomaque, après quelques semaines de mariage, lorsqu'il a gagné la confiance de l'ignorante, avec d'infinies précautions pour ne point l'humilier ni la froisser, en feignant même de la consulter, lui trace sa besogne : elle s'occupera de l'intérieur, tandis que lui surveillera la maison des champs, se réservera les travaux plus pénibles du dehors. Ils dresseront au plus tôt un inventaire de ce qu'ils possèdent afin de savoir où ils en sont. La jeune femme choisira la place qui convient le mieux pour serrer

1. Joubert, 8, 3.

les provisions, les vêtements, les ustensiles...; ce qui sert chaque jour sera mis à la portée de la main; des places moins accessibles seront assignées aux objets dont on n'a besoin qu'à de longs intervalles. Quelques jours auparavant, Ischomaque avait mené sa femme voir un navire phénicien au Pirée; il lui avait fait admirer la bonne tenue, l'ordre et l'aménagement des agrès, des provisions et du fret; dans une maison, lui dit-il, c'est comme dans un navire où le pilote a surveillé l'arrimage, connaît la place de chaque objet, il faut que la maîtresse sache constamment où trouver, sans perte de temps, en bon état, prêt à servir, l'ustensile qu'on lui réclame ou dont elle-même a besoin.

Ainsi Xénophon nous fait entendre que si nous ne savons point enseigner à notre femme l'art de gouverner sa maison, nous sommes de mauvais maris; nous pouvons faire, à la rigueur, des rois fainéants, mais tout le monde sait que cette espèce de rois n'a jamais eu de beaux royaumes, ni des règnes prospères. Notre devoir est de nous entendre à tout, d'être capables de donner à chaque instant le conseil que la femme demande, ou l'éloge qu'elle attend, ou le blâme qu'elle craint. Votre femme — à moins que vous n'ayez épousé une idiote — sera ce que vous voudrez qu'elle soit; mais si vous ne vous occupez point d'elle, elle sera ce qu'elle pourra, alors le bonheur du ménage dépendra du hasard : si vous avez tiré un bon numéro, tout ira bien, sinon tout ira mal. Comme vous êtes intéressé à ce que tout aille bien, prenez donc la peine de faire l'essentiel.

D'abord étudiez votre femme, et, suivant ce que vous aurez découvert, conduisez-vous. Faut-il lui laisser la bourse ou la garder? Cela dépend. Oui, si elle est économe; non, si elle est dépensière. Règle générale, l'argent sera mieux gardé, mieux défendu par la femme. La division du travail conseille ceci : que l'homme gagne, que la femme dépense; plus fine et plus tenace, elle s'entend mieux aux achats; plus sage, plus sobre, plus soucieuse de l'avenir, elle a dans le sang l'économie. Des spécialistes vous disent : « provision, c'est destruction »; ils recommandent de ne point acheter en gros, parce qu'il vaut mieux laisser chez le marchand, qui sait les conserver, des denrées qui, chez vous, se détériorent; ou bien parce que, quand on sait qu'il y a un gros sac de pommes de terre, on y puise sans compter, on met un kilo, tandis qu'une livre aurait suffi. D'accord. Mais il est avantageux aussi d'acheter en quantité; on paie moins cher, il y a moins de pesées, etc... A vous de savoir ce qui conviendra le mieux avec votre femme. Si elle est un peu dépensière, un peu gaspilleuse, un peu négligente, ne laissez pas adopter le système des achats en gros. Si, au contraire, elle est un peu plus qu'il n'est bon portée à l'économie, si d'une pomme elle fait dix morceaux, n'achetez point au détail : vous mourriez de faim. Et pour tout, faites de même. Il n'y a pas, en effet, de méthode uniforme : il faut s'accommoder aux caractères et aux circonstances.

Ensuite ne vous désintéressez jamais de quoi que ce soit. Contrôlez, combinez les recettes et les dépenses, inscrivez-les sur un livre-journal. Comme vous êtes responsable de la prospérité de la maison, veillez sur les économies, sur le fonds de prévoyance, pour qu'il soit toujours alimenté, sur l'argent à mettre de côté pour le loyer, pour l'assurance sur la vie, pour toutes les échéances et tous les besoins du ménage ; veillez sur les vêtements qui contribuent à la santé et aussi à la réputation, à la confiance qu'inspire une famille confortablement nippée; veillez sur le mobilier qui rassure le propriétaire, et dans les détresses, devient un secours; veillez sur le confortable, c'est à vous de savoir où, comment s'achètent à meilleur compte la meilleure lampe qui ne fatigue pas les yeux, le meilleur combustible qui chauffera le mieux, les habits les plus solides, les meubles les plus avantageux, les aliments les plus sains, etc. [1]; prévoyez qu'il faudra un jour établir les enfants.

Tant qu'on n'aura pas inventé les machines qui vont toutes seules, il faudra se résigner à ne

1. N'oubliez pas que c'est à la « Coopérative de consommation » que vous trouverez tous ces avantages.

point avoir des ménages qui marchent sans qu'on s'en occupe. Être père de famille n'est point une sinécure. Mais, quelle est, parmi toutes les choses de la terre, du moins parmi les choses grandes, belles et bonnes, quelle est celle qui réunit ainsi bonté, beauté, grandeur, sans que nous n'y prenions beaucoup de mal! En admettant d'ailleurs qu'il soit très dur de veiller sur tout, d'être le premier levé, le dernier couché, et, pendant que la maisonnée repose paisible, de combiner, de s'inquiéter pour que cette sécurité ne soit point troublée, en admettant que cela soit très dur, n'y a-t-il nulle compensation? Je ne parle point de l'affection que vous sentez autour de vous, de la confiance que vous lisez dans tous les yeux; et pourtant, c'est déjà une grande récompense de savoir, sans que nul ait besoin de vous le dire, que pour les siens on est comme une providence. Je ne parle pas non plus de la satisfaction qu'on goûte à accomplir son devoir; et pourtant, c'est une autre récompense bien grande aussi que de savoir qu'on fait ce qu'on doit. Mais il y a quelque chose de plus haut : « *Gouverner sa maison, c'est être vraiment citoyen.* C'est véritablement prendre part au gouvernement général de la cité et en rendre la marche plus facile[1]. » La voilà, la récompense suprême : c'est de savoir qu'en assurant le bonheur des siens et qu'en accomplissant sa tâche, du même

1. Joubert, 8, 3.

coup on concourt à la prospérité de l'État et à la grandeur de la patrie, et qu'en étant bon père on a été bon citoyen.

Un dernier conseil. Ce rôle de père de famille, il ne suffit pas de le jouer; il est indispensable encore qu'il soit écrit. Les Français d'autrefois, même les plus humbles, même ceux des campagnes, avaient ce qu'on appelait en ce temps-là « un livre de raison [1] »; ils inscrivaient sur ces pages tous les événements heureux ou malheureux, mariages, naissances, morts, les ventes et les achats..., bref, l'histoire de la famille. Si vous voulez être vraiment bons pères et administrer à la perfection, tenez ainsi à jour le grand livre de la famille. Soyez rois dans le bon sens du mot, lequel est « régisseur »; régissez et notez, et puis, quand vous sentirez la fin approcher — en général, les bons pères vivent longtemps [2], meurent dans leur lit, de cette douce mort des vieillards, laquelle n'est qu'une incapacité à vivre — appelez vos enfants, donnez-leur le livre de raison : « Voilà ce que mon père m'a

1. Notre littérature nous en fournit un très beau, très touchant modèle dans le *Manuscrit de ma mère*, livre de raison de Mme de Lamartine, que son fils a permis de publier. Chez les nations protestantes plusieurs feuillets blancs sont réservés à ces notes dans la Bible de famille; chez nous, dans le livret que l'état civil délivre au moment du mariage, ne pourrait-on pas laisser quelques pages en blanc où le père serait invité à consigner l'histoire des siens ?

2. C'est en ce sens que la Bible dit que les enfants qui honorent leur père et leur mère voient prolonger leurs jours sur la terre; se conformer à la loi, accomplir son devoir, autrement dit bien vivre est la meilleure condition pour vivre longtemps.

laissé et ce que, à mon tour, je vous laisse; voilà ma gestion, lisez et jugez-moi. »

Heureux les pères qui attendraient le jugement de leurs héritiers sans nulle crainte; plus heureux les enfants qui auraient de tels pères!

LECTURES

1. — Ischomaque instruit sa jeune femme de ses devoirs de maîtresse de maison.

Un jour que je vis Ischomaque assis sous le portique de Jupiter Libérateur, comme il me semblait être de loisir, j'allai vers lui, et, m'asseyant auprès de lui, je lui dis : « Comment, Ischomaque, contrairement à ton habitude, es-tu assis sans rien faire? Car la plupart du temps, je te vois toujours fort occupé, et ne perdant point de temps à flâner sur l'agora. »

« Tu ne m'y verrais pas aujourd'hui non plus, Socrate, si je n'y étais venu attendre quelques hôtes auxquels j'ai donné ici rendez-vous. »

« Mais quand tu n'attends personne, par les dieux, à quoi passes-tu le temps, et que fais-tu? Car je voudrais bien apprendre de toi ce que tu fais pour qu'on te donne le nom de parfait honnête homme, car tu ne vis pas enfermé dans l'intérieur de ta maison, et tu n'as pas l'apparence d'un homme qui mène une vie sédentaire? »

Alors Ischomaque se mit à sourire à ces mots : « Que fais-tu pour qu'on te donne le nom de parfait honnête homme? » et, à ce qu'il me semble, visiblement satisfait, il répondit : « Si ceux qui t'ont parlé de moi me donnent ce nom, je n'en sais rien. Mais, lorsqu'on me fait venir pour l'échange d'une charge (1) de triérarque ou de chorège, on m'appelle tout simplement Ischomaque, en y ajoutant le nom de mon père (2). Mais, pour répondre à ta question, Socrate, je ne passe pas mon temps dans l'intérieur de ma maison car, en ce qui concerne l'administration de notre ménage, ma femme est capable de s'en acquitter parfaitement. »

« Mais, Ischomaque, lui dis-je, je serais charmé d'apprendre de toi si c'est toi-même qui l'as formée à ses devoirs de maîtresse de maison, ou si, lorsque tu l'as reçue de ses parents, elle était déjà instruite de tout ce qu'elle devait savoir. »

« Et comment l'eût-elle été, Socrate, puisqu'elle avait à peine quinze ans lorsqu'elle est venue dans ma maison ; et que, auparavant, on avait surtout veillé avec le plus grand soin à ce qu'elle ne vît, n'entendît et ne souhaitât presque rien. Pouvais-je, crois-tu, rien exiger de plus que de trouver en elle une personne capable de filer la laine pour en faire des habits, et qui eût vu de quelle manière on doit distribuer la tâche aux fileuses ? En ce qui concerne la sobriété, son éducation était accomplie sur ce point, ce qui me paraît être une excellente discipline, pour l'homme, d'ailleurs, aussi bien que pour la femme. »

« Et sur les autres points, dis-je, Ischomaque ; est-ce

(1) *Pour l'échange d'une charge de triérarque ou de chorège.* A Athènes, les citoyens requis pour supporter des charges publiques auxquelles leur fortune ne leur permettait pas de faire face étaient autorisés par la loi à désigner un de leurs concitoyens plus riche qu'eux, auquel on s'adressait en ce cas. Ces charges étaient parfois très lourdes. Telles étaient celles de triérarque, citoyen chargé d'équiper à ses frais une trirème (navire de guerre), celles de chorège. Le chorège était chargé de subvenir, dans les fêtes religieuses à tous les frais d'une représentation théâtrale.

(2) *Le nom de mon père* (Ischomaque, fils de....).

toi aussi qui as rendu ta femme capable de vaquer aux soins qui la regardent ? »

« Oui, par Jupiter, dit Ischomaque ; mais toutefois, pas avant d'avoir offert un sacrifice aux dieux et de les avoir priés, moi, d'arriver à lui bien enseigner, elle, de parvenir à bien apprendre à connaître les choses les meilleures pour tous deux. »

« Ainsi, lui dis-je, ta femme a pris part à ton sacrifice et à tes prières ? »

« Certes, dit Ischomaque, et elle a promis, en prenant les dieux à témoin, d'être toujours telle qu'elle devait être ; et il était visible qu'elle ne négligerait rien pour s'instruire de ses devoirs. »

« Au nom des dieux, lui dis-je, Ischomaque, raconte-moi par quel point a commencé ton enseignement ; j'écouterai ton récit avec plus de plaisir que s'il était question du plus beau combat gymnique ou de la plus belle course de chevaux. »

Ischomaque répondit : « Eh bien, Socrate, quand elle commença d'être accoutumée à moi, et à prendre assez de confiance pour me parler librement, je l'interrogeai ainsi : « Dis-moi, ma femme, sais-tu pourquoi je t'ai choisie et pourquoi tes parents m'ont donné leur fille en mariage. Ce n'est pas qu'il nous fût difficile, à eux et à moi, de trouver un autre parti ; et je suis sûr que tu en es bien persuadée. Mais après nous être demandés, moi pour mon propre compte, et tes parents pour le tien, quelle serait l'union la plus favorable, et à la prospérité de notre maison, et à l'avenir de nos enfants, je t'ai choisie, et de leur côté tes parents m'ont aussi choisi, probablement, comme étant le parti le plus convenable. Si la divinité nous donne des enfants, alors, nous aviserons ensemble à les élever de notre mieux ; car ce sera aussi un bonheur qui nous sera en commun, que de trouver en eux des appuis et des soutiens dans notre vieillesse. Mais, dès maintenant, il y a quelque chose qui nous appartient en commun : c'est notre maison. Car tout ce que j'ai, je le mets dans la communauté, et toi, tu y as déjà mis tout ce que tu avais apporté en dot. Et, il ne s'agit plus maintenant d'examiner lequel de nous deux a fourni plus que l'autre; mais il faut bien se pénétrer de cette vérité, que le meilleur des deux associés aura le plus apporté au ménage commun. » A cela, ma femme répondit : « En quoi pourrai-je être ton auxiliaire? De quoi suis-je capable? Car tout repose sur toi; ma mère m'a dit que mon lot, à moi, était d'être sage. » — « Par Jupiter, ô femme, mon père m'a fait la même recommandation. Mais qu'il s'agisse d'un homme ou d'une femme, la sagesse veut qu'ils fassent en sorte que ce qu'ils ont prospère au mieux, et qu'il leur arrive en outre beaucoup de biens nouveaux, par des voies droites et honnêtes. » — « Et comment penses-tu, me dit ma femme, que je puisse t'aider à augmenter la prospérité de notre maison? » — « Mais, par Jupiter, lui répondis-je, en t'efforçant de remplir pour le mieux les fonctions pour lesquelles les dieux t'ont créée, et que la loi ratifie. » — « Qu'est-ce donc, dit-elle? » — « Je crois, lui dis-je, que ce ne sont pas des fonctions de peu d'importance, ou on dira que, dans la ruche, la reine des abeilles est occupée aux soins les plus médiocres. »

Ici, Ischomaque remarque que les dieux eux-mêmes semblent avoir voulu expressément instituer la famille. Les parents trouvent dans leurs enfants des appuis pour leur vieillesse. Mais auparavant, il convient d'assurer à la famille le nécessaire. La Providence y a pourvu, en donnant à l'homme la vigueur et le courage qu'exigent les travaux du dehors; tandis que la femme, plus faible et plus timide, a reçu des dieux la mission d'élever ses enfants, et de veiller, dans l'intérieur de la maison, à la conservation des biens acquis par son mari. Tous deux ont d'ailleurs également en partage l'attention et la mémoire; si bien qu'on ne saurait décider lequel des deux l'emporte sur l'autre. Il faut donc, poursuivit Ischomaque, qu'instruits des fonctions qui sont assignées à chacun de nous par la divinité, nous nous efforcions de nous acquitter le mieux possible de celles qui incombent à l'un et à l'autre.

« Il me semble continua-t-il, que, docile aux desseins de la divinité, la reine des abeilles remplit des fonctions semblables aux tiennes. » — « Et quelles sont, dit-elle, ces fonctions de la reine des abeilles, qui ressemblent à ce que j'ai à faire ? » — « C'est que la reine, qui reste dans la ruche, ne permet pas aux autres abeilles de rester oisives ; mais qu'elle envoie à l'ouvrage celles qui doivent travailler au dehors ; que les provisions que chacune d'elles rapporte, elle les examine, les reçoit, et les conserve, jusqu'à ce qu'il soit temps de s'en servir. Quand ce moment est venu, elle en donne équitablement à chacun sa part. Dans l'intérieur, elle préside à la confection des cellules, veillant à ce que la construction en soit régulière et prompte ; elle prend soin de la nourriture des essaims qui viennent d'éclore. Dès qu'ils sont élevés, et que les jeunes abeilles sont capables de travailler, elle envoie en colonie avec un chef toute cette jeune postérité. » — « Et moi, dit ma femme, faudra-t-il que je fasse la même chose ? » — « Il faudra, répondis-je, que tu restes à la maison, et que tu envoies à leur ouvrage les serviteurs qui doivent travailler au dehors ; pour ceux dont le travail doit se faire à l'intérieur de la maison, il faudra que tu y présides, et que tu reçoives ce qu'on t'apportera ; que tu distribues les provisions qui doivent être employées ; s'il en reste, il faudra y veiller, et prendre garde que le produit d'une année ne soit consommé en un mois. Lorsqu'on aura apporté de la laine à la maison, tu prendras soin qu'on en fasse des vêtements pour ceux de nos serviteurs auxquels il en faut. Tu veilleras de même à ce que les vivres secs soient en bon état. Une de tes fonctions qui peut-être ne te plaira pas, sera de veiller sur tes domestiques malades et de travailler à les guérir. » — « Que dis-tu, reprit ma femme; je n'aurai pas d'occupation plus agréable, puisqu'ils me sauront gré de mon dévouement et qu'ils me deviendront ainsi plus attachés. » Enchanté de sa réponse, poursuivit Ischomaque, je lui dis : « N'est-ce pas par une attention de ce genre que la reine des abeilles, dans une ruche, se concilie à tel point l'amour de ses compagnes que, si elle quitte la demeure commune, aucune d'elles ne croit pouvoir y rester? » A cela, ma femme répondit : « Je m'étonne que les fonctions de chef ne t'appartiennent pas plutôt qu'à moi, car cette surveillance et cette distribution qui me reviennent, des choses de l'intérieur, serait, je crois, dérisoires si tu ne veillais à ce qu'on m'apportât quelque chose du dehors. » — « Et mes soins à moi ne paraîtraient-ils pas aussi ridicules s'il n'y avait personne à la maison pour conserver ce que j'y apporte? Ne vois-tu pas quelle pitié inspirent ceux dont on dit qu'ils veulent remplir un tonneau percé, parce qu'on sait qu'ils travaillent en vain. » — « Par Jupiter, dit ma femme, ils sont bien à plaindre s'ils font de la sorte. » — J'ajoutai : « Mais il y a encore, ma femme, d'autres soins qui ne te seront pas désagréables : par exemple, lorsque, d'une esclave que tu as trouvée incapable de filer, tu auras fait une bonne fileuse qui sera pour toi doublement précieuse; quand, ayant pris à ton service une femme intendante ou une femme de charge incapable, tu en auras fait une femme de service entendue, dévouée, intelligente, d'un prix inestimable; quand tu sentiras qu'il est en ton pouvoir de reconnaître les services des gens honnêtes et zélés pour le bien de la maison, et de châtier les mauvais serviteurs. Mais ce qui sera pour toi la plus douce des satisfactions, c'est lorsque, me paraissant meilleure que moi-même, tu auras fait de moi ton serviteur; quand, n'ayant pas à redouter que l'âge ne te fasse perdre de ta considération dans ton ménage, tu auras l'assurance qu'en vieillissant, tu deviens pour moi une compagne meilleure encore, pour tes enfants, une meilleure gardienne, et pour ta maison, une maîtresse plus honorée. Car la beauté et la bonté, lui dis-je, ne dépendent point de la jeunesse, ce sont les vertus qui les font croître dans la vie aux yeux des hommes. » Tel fut, Socrate, si je m'en souviens bien, notre premier entretien. »

SOCRATE, *Pages choisies* (A. Picard et Kaan, éditeurs).

2. — Quelles sont les consommations les mieux entendues?

Les consommations les mieux entendues sont :

1° *Celles qui satisfont des besoins réels.* Par besoins réels, j'entends ceux à la satisfaction desquels tiennent notre existence, notre santé et le contentement de la plupart des hommes : ils sont opposés à ceux qui proviennent d'une sensualité recherchée, de l'opinion et du caprice. Ainsi les consommations d'une nation seront, en général, bien entendues, si l'on y trouve des choses commodes plutôt que splendides : beaucoup de linge et peu de dentelles ; des aliments abondants et sains, en place des ragoûts recherchés ; de bons habits et point de broderies...

2° *Les consommations lentes plutôt que les consommations rapides, et celles qui choisissent de préférence les produits de la meilleure qualité.* Une nation et des particuliers feront preuve de sagesse, s'ils recherchent principalement les objets dont la consommation est lente et l'usage fréquent. C'est par cette raison qu'ils auront un logement et des ameublements commodes et propres : car il est peu de choses qui se consomment plus lentement qu'une maison, ni dont on fasse un usage plus fréquent, puisqu'on y passe la majeure partie de sa vie.

Il vaut mieux consommer les choses de bonne qualité, quoique plus chères ; en voici la raison : dans toute espèce de fabrication, il y a certains frais qui sont les mêmes et qu'on paye également, que le produit soit bon ou bien qu'il soit mauvais : une toile faite avec de mauvais lin a exigé, de la part du tisserand, du marchand en gros, de l'emballeur, du voiturier, du marchand au détail, un travail précisément égal à ce qu'aurait exigé, pour parvenir au consommateur, une toile excellente. L'économie que je fais en achetant une médiocre qualité ne porte donc point sur le prix de ces divers travaux, qu'il a toujours fallu payer sur leur entière valeur, mais sur le prix de la matière première seule; et néanmoins, ces différents travaux payés aussi chèrement, sont plus vite consommés si la toile est mauvaise que si elle est bonne.

Les jouissances de la table, des jeux, des feux d'artifice, sont au nombre des plus passagères. Je connais des villages qui manquent d'eau et qui consomment dans un seul jour de fête ce qu'il faudrait d'argent pour amener de l'eau et pour élever une fontaine sur leur place publique. Leurs habitants aiment mieux s'enivrer en l'honneur de leur patron pendant un jour, et aller péniblement, tous les autres jours de l'année, puiser de l'eau boueuse au sommet d'un coteau du voisinage. C'est en partie à la misère, en partie à des consommations mal entendues, qu'il faut attribuer la malpropreté qui environne la plupart des habitations des gens de la campagne.

En général, un pays où l'on dépenserait, soit dans les villes, soit dans les campagnes, en jolies maisons, en vêtements propres, en ameublements bien tenus, en instruction, une partie de ce qu'on dépense en jouissances frivoles et dangereuses; un tel pays, dis-je, changerait totalement d'aspect, prendrait un air d'aisance, serait plus civilisé, et semblerait incomparablement plus attrayant à ses propres habitants et aux étrangers.

3° *Les consommations faites en commun.* Il y a différents services dont les frais ne s'augmentent pas en proportion de la consommation qu'on en fait. Un seul cuisinier peut préparer également bien les repas d'une seule personne et celui de dix; un même foyer peut faire rôtir plusieurs pièces de viande aussi bien qu'une seule; de là l'économie qu'on trouve dans l'entretien en commun des communautés religieuses et civiles, des soldats, des ateliers nombreux; de là celle qui résulte de la préparation dans des marmites communes de la nourriture d'un grand nombre de personnes dispersées: c'est le principal avantage des établissements où l'on prépare des soupes économiques.

4° Enfin, par des considérations d'un autre ordre, les consommations bien entendues sont *celles qu'avoue la saine morale*. Celles, au contraire, qui l'outragent finissent ordinairement par tourner à mal pour les nations comme pour les particuliers.

J.-B. Say, *Traité d'économie politique*, livre III, ch. IV (Guillaumin éditeur).

3. — Alcoolisme et paupérisme.

La hausse extrême des salaires ne mettrait fin au paupérisme qu'à la condition d'être accompagnée d'une réforme profonde dans les mœurs. Les salaires actuels, employés avec intelligence et surtout avec probité, suffisent à la rigueur pour assurer le nécessaire à une famille, toutes les fois qu'elle n'est pas atteinte par la maladie ou la crise. Chose terrible, le pain manque plus souvent, dans les ménages d'ouvriers, par la faute du père que par la faute de l'industrie. Dans la seule journée du lundi, le cabaret absorbe le quart de l'argent gagné dans la semaine, peut-être même la moitié, et les ouvriers les mieux payés, qui pourraient vivre à l'aise et faire vivre honorablement une famille, sont presque partout les plus adonnés à l'ivrognerie. C'est l'ordre et le travail, plus encore que le bon salaire, qui assurent le bien-être.

Ainsi le mal est surtout un mal moral, et le problème à résoudre est celui-ci : sauver l'ouvrier par lui-même. Il y a un plus grand service à lui rendre que de lui donner du travail et de l'argent, c'est de lui inspirer l'amour du travail et le goût de l'économie. Si jamais l'atelier est plein et le cabaret vide, la misère sera vaincue. Tous les autres biens viendront par surcroît.

J. SIMON, *L'ouvrière*, *Préface* (Hachette et Cie éditeurs).

4. — Règles pour échapper à l'alcoolisme et pour parvenir à l'épargne.

Première maxime : Il ne faut point économiser sur les aliments réparateurs, mais seulement sur les excitants et les friandises.

... Il est certain que l'homme qui se nourrit bien, de bons aliments substantiels sous un petit volume, n'éprouve pas le même besoin d'excitants que les pauvres diables affamés, ou gorgés de nourriture volumineuse et indigeste. Mais, là où l'économie peut largement s'exercer, c'est sur les aliments peu réparateurs, qui flattent uniquement le goût : fruits, primeurs, coquillages, gâteaux, sucreries, etc.

Deuxième maxime : Il ne faut jamais remplacer un aliment par un excitant, mais au contraire, substituer le plus possible des aliments aux excitants.

Ainsi, par exemple, rien n'est plus funeste que l'habitude de boire une *goutte* d'eau-de-vie ou même un verre de vin blanc à jeun, avant de se mettre à l'ouvrage...

Un aliment chaud et facile à avaler vous met en bien d'autres dispositions pour le travail qu'un petit verre d'eau-de-vie...

Si l'on ne vit pas en famille ou si l'on est forcé de sortir à une heure trop matinale, on peut préparer sa soupe la veille et on la fait réchauffer, pendant qu'on s'habille, sur une lampe à esprit-de-vin.

Aux repas, il vaudra mieux manger plus de viande et boire moins de vin. Une portion de viande de 30 ou 40 centimes, à la place d'une portion de pommes de terre de 15 ou 20 centimes, permet très bien d'économiser un demi-litre de vin et surtout le petit verre final...

Troisième maxime : Toute économie de force peut se traduire en économie d'aliments ; en évitant les fatigues inutiles, on échappe à la tentation de recourir aux excitants.

Beaucoup d'ouvriers qui habitent loin de leur atelier ou de leur chantier, font par économie un long trajet à pied, le matin à jeun, le soir fatigués de leur journée de travail. Presque toujours, en chemin, la chaleur en été, le froid en hiver, la lassitude en toute saison, sans parler de l'entraînement mutuel, conduisent chez le marchand de vin...

Quatrième maxime : La jeunesse n'a pas besoin d'excitants ; il faut les réserver aux hommes mûrs ou fatigués et aux vieillards.

... Au lieu de perdre vos dimanches au café ou dans de mauvais lieux, que vous seriez sûrement mieux avisés d'aller courir au grand air, d'exercer librement votre force et votre adresse, et de vous faire *braves,* pour mériter la faveur des jolies filles honnêtes !

Cinquième maxime : Quand l'âge ou la fatigue font recourir aux excitants, il faut toujours préférer les excitants alimentaires, tels que le café, le thé, le chocolat, aux excitants alcooliques et les boissons fermentées aux boissons distillées ; en particulier le vin et la bière à l'eau-de-vie, et l'eau-de-vie de franc goût à l'absinthe ou aux amers.

Sixième maxime : S'il ne faut pas économiser sur l'alimentation nécessaire, à plus forte raison ne doit-on jamais désorganiser son ménage, sous prétexte d'économie.

Quand on est marié, faire t. ailler sa femme hors du logis, au point de lui rendre impossible son rôle de ménagère et de supprimer tout le charme du foyer, voilà la plus fausse des économies. C'est commencer son épargne en cassant sa tire-lire...

Si la femme travaille tout le jour hors de chez elle, surtout si, comme il arrive fréquemment, sa journée se prolonge au delà de celle de l'homme, celui-ci trouve son intérieur désert et en désordre, il attend son repas, toujours fait à la hâte, ou bien il le prépare lui-même, et naturellement fort mal. Sa compagne rentre fatiguée, abattue. Des deux côtés on est las, inquiet des enfants en nourrice. Pour un rien on se dispute, et le ménage semble à tous deux bien inférieur au cabaret.

Ad. Coste, *Alcoolisme ou épargne*, p. 81.
(F. Alcan, édit.), 0 fr. 60.

5. — Le livre de raison de Mme de Lamartine; début et extraits.

J'avais commencé, dans ma première jeunesse, à écrire un journal exact de tout ce qui se passait en moi ou autour de moi, de toutes les réflexions que les divers événements de ma vie me suggéraient. Je l'ai brûlé et j'ai perdu cette habitude depuis longtemps; je m'en repens et je m'en afflige, parce que je crois que cela peut être utile. Mon intention est de recommencer, avec la grâce de Dieu, à écrire simplement, autant que je le pourrai tous les jours, les différentes choses qui pourront me survenir, ce que j'aurai fait de mal ou de bien. Je pense que cela m'aidera dans l'examen que j'ai à faire de ma conscience, et me fera mieux connaître les dispositions habituelles de mon âme; je pense aussi que, si une fois mes enfants lisent par hasard ce journal, il ne sera pas sans intérêt pour eux seuls. Il pourrait peut-être leur être même de quelque service après moi, parce que j'y parlerai souvent d'eux et de leurs différents caractères.

25 septembre 1806.

Mon mari vient de subir une nouvelle banqueroute de vingt et un mille francs, de son marchand de vin. C'est un terrible coup qui nous frappe ; mais mon mari le supporte sans se plaindre, parce que le marchand, qui est de Nuits, n'est que malheureux ; c'est un très honnête homme. Il est venu lui-même nous annoncer qu'il suspendait ses payements et qu'il convoquait tous ses créanciers pour se partager tout ce qu'il a. Il ne se réserve rien. Comment ne pas estimer une pareille conduite et ne pas plaindre celui qui nous ruine involontairement? Mais nous allons être bien pauvres cette année ; nous n'avions que cette somme, elle est perdue! La volonté de Dieu soit faite ! J'admire le calme de mon mari dans ces revers ; il souffre pourtant bien dans ses enfants et dans moi, mais c'est un homme d'acier dans les choses de la vie.

2 janvier 1807.

Ce jour m'avertit que je vais à grands pas vers le jour éternel. Les vertus que je veux m'appliquer particulièrement à acquérir cette année sont la douceur et l'humilité la plus parfaite. Il me semble que ce sont celles dont le monde a le plus besoin. Je veux très peu parler de moi, supporter avec patience les contradictions, les humiliations que je pourrais éprouver, n'avoir aucune recherche dans ma toilette, ne jamais reprendre ni mes enfants ni personne avec humeur, n'en mettre jamais dans la discussion ; je veux aussi ne jamais rien dire qui puisse faire de la peine au prochain soit présent, soit absent. Voilà mes résolutions; c'est assez pour un an ; il sera bien rempli si j'y suis fidèle.

LAMARTINE, *Le Manuscrit de ma mère.*
(Hachette et Cie, édit.), 3 fr. 50.

CHAPITRE IV

Le mariage.

Sommaire. — I. Rien, mieux que le mariage ne saurait procurer à l'homme le bonheur ; mots de Emerson, Keble et Michelet; le mariage délivre l'homme des servitudes. Pourquoi le mariage est en défaveur dans les classes dirigeantes ; Louis XIV et sa cour ; l'absentéisme, l'aristocratie divorce avec la famille et la terre, ne vit plus que pour l'argent et l'amour. La conception de l'amour dans Corneille et Racine ; interprétation du jugement de La Bruyère : « Celui-là peint les hommes comme ils devraient être, celui-ci les peint tels qu'ils sont ». L'enfant dédaigné et exilé ; l'éducation des classes dirigeantes : collège et couvent, la vie artificielle qui dégoûte de la vie. — II. Que les ouvriers par le mariage devront réformer la société, sauver la race. Trois questions à étudier : 1° A quel âge il convient de se marier ; le service militaire, rêve et réalité ; nos devoirs envers le jeune soldat, la maison du peuple. La débauche, comment s'en préserver. Que la difficulté est très grande à rester pur ; qu'il faut chercher du secours dans le travail, auprès des parents et des bons camarades, surtout auprès de la fiancée. Qu'il faut se fiancer jeune, étude de cette question. 2° Comment il convient de se marier ; les précautions ; qui choisir : la voisine. Conseil aux jeunes filles : le mauvais sujet toujours bien vu. 3° Pourquoi on se marie; est-ce pour avoir une bonne domestique ? Que le mariage est d'essence républicaine ; Michelet et l'Andromède de Puget. On se marie pour affranchir la femme, pour enrichir la cité, pour accélérer la mise en valeur de la planète. Les vraies familles et le bonheur.

I. — Nous avons vu jusqu'à présent que pour être heureux il est indispensable d'être bien portant, bien logé et de se voir au-dessus de ses affaires ;

aussi nous sommes-nous occupés d'abord des soins à donner au corps, puis de l'habitation et de l'économie domestique.

Si nous n'avons commis nulle grossière erreur, s'il est vrai que la santé, le logis salubre, confortable et riant, la table soignée, les habits raccommodés et brossés, le linge propre, le livret de caisse d'épargne garni, la maison remplie d'affection et de dévouement contribuent plus que tout à maintenir l'homme en joie, à lui faire juger la vie bonne malgré ses épreuves et ses tristesses, alors nous pouvons affirmer que rien, mieux que le mariage, ne saurait procurer à l'homme le bonheur. Joubert, qui toujours nous fournit quelque sage maxime condensée en une phrase courte, simple et lumineuse, exprime bien cela en disant : « Les enfants ne sont bien soignés que par leurs mères et les hommes que par leurs femmes.[1] » Il dit bien vrai.

Hygiène, soins de propreté, travaux du ménage, parure du logis, costume des enfants, plaisirs et fêtes de la famille, dans tous ces détails qui semblent menus et cependant sont lourds; qui veulent une méticuleuse application et exigent le courage si rare de recommencer chaque jour la tâche de la veille; dont quelques-uns semblent futiles et qui tous sont importants, car là où ils manquent la vie est paralysée, dans tous ces détails l'intelligence de

1. *Pensées*, 8, 15.

l'homme est peut-être indispensable pour régler, mettre en train, surveiller. Mais pour accomplir il faut les mains de la femme, ces doigts délicats, légers, prompts et qui ne connaissent pas le repos.

Si c'est en dehors du mariage que l'homme est le plus assuré d'avoir les affections nécessaires à son cœur et la sécurité sans laquelle ces affections ne sauraient être pleinement goûtées; si les soins minutieux, incessants, désintéressés; si consolation, aide, réconfort, dévouement, se trouvent dans un état autre que le mariage, je vous dirai : « Vite, vite, choisissez cet état! » Mais j'avoue que je ne le connais pas.

Avec Emerson je crois que seul l'homme marié « qui préfère à toute autre musique celle de l'horloge de sa cuisine et les airs que la bûche lui chante en brûlant dans l'âtre, a des joies que d'autres ne soupçonneront jamais[1]. » Avec Keble je crois que « doux est le sourire du foyer, le regard réciproque, lorsque deux cœurs sont sûrs l'un de l'autre, douces les joies qui habitent en foule les recoins de la maison, séjour de toutes les pures affections[2]. » Avec Michelet enfin, je crois que le mariage, que certains appellent une chaîne, est au contraire un affranchissement, et qu'il délivre l'homme d'une quantité de servitudes honteuses et mauvaises.

1. Cité par Lubbock, *le Bonheur de vivre*, I, p. 139.
2. *Id.*

« Faisons-en l'énumération :

« *La servitude de bassesse*. Si tu as le bonheur au foyer, tu ne t'en iras pas le soir chercher l'amour sous les quinquets fumeux d'un bal, et l'ivresse au ruisseau.

« *La servitude de faiblesse*. Tu ne traîneras point tes pas, comme ton triste camarade, ce jeune vieillard, gras, pâle, fini, qui fait rire les femmes. L'amour vrai te gardera et concentrera ta force.

« *La servitude de tristesse*. Celui qui est fort et fait les œuvres de l'homme, celui qui partant au travail laisse au foyer une âme aimée qui l'aime et ne pense qu'à lui, par cela seul a le cœur gai et il est joyeux tout le jour.

« *La servitude d'argent*. Retiens de moi cette recette très exacte d'arithmétique : *Deux personnes dépensent moins qu'une*.

« Je vois force célibataires qui restent tels par l'effroi des dépenses du mariage, mais dépensent infiniment plus...

« Pourquoi fumer? « Pour oublier », disent-ils. Mais rien n'est plus funeste. *Il ne faut jamais oublier*. Malheur à qui oublie les maux ! il ne cherche pas les remèdes. L'homme, le citoyen qui oublie, se perd, lui et son pays. Grand avantage d'avoir au foyer une personne sûre, aimante, à qui vous pouvez tout dire, avec qui vous pouvez souffrir. Elle vous empêchera d'oublier, de rêver. Il faut souffrir, aimer, penser. C'est là la vraie vie de l'homme... [1]

« La femme réduit toutes nos dépenses, à ce point que le calcul donné plus haut n'était pas juste. Il ne faut pas dire « deux personnes », mais « quatre dépensent moins qu'une »...

« Quand le mariage est raisonnable, prévoyant, quand la famille ne croît pas trop rapidement [2], la femme loin d'être un obstacle à la liberté du mouvement, en est au contraire la condition naturelle et essentielle...

« Une bonne femme, un bon métier ; si tu as cela, jeune homme, tu es libre...

« Si tu restes libre (par l'amour) des vices et des dépenses vaines, pouvant rire de tant de millionnaires inquiets, tu mépriseras cette foule prosternée devant le sort. Tu diras : « Qu'ils usent leur vie à courir après un trésor. J'aime. Et j'ai trouvé le mien. »

1. Voyez comme ce beau passage appuie notre conception du bonheur : agir est le devoir et la récompense de l'homme ; l'action est sa loi et par suite le principe de sa félicité. Michelet ici réfute la célèbre maxime stoïcienne : « Supporte et abstiens-toi », qui est la condamnation de toute civilisation. Au contraire il faut dire : « Révolte-toi et interviens ! » C'est parce que l'homme n'a pas supporté les maux que lui infligeait la nature, c'est parce qu'il ne s'est pas abstenu de les combattre, qu'il a sans cesse amélioré son sort et celui de ses descendants. (Voir Janet, *Philos. du bonheur*, p. 217.)

2. Ici Michelet met le doigt sur la plaie : ce qui souvent, quand elles s'élevaient, rejette les familles pauvres dans la misère, ce sont les naissances rapprochées, l'enfant qui épuise la mère alors qu'elle revenait à la santé, qui épuise l'épargne alors que de nouveau elle s'amassait.

« Un métier et une femme, voilà la première liberté. Et de là viendront les autres[1]. »

Puisque donc le mariage émancipe, affranchit, et en sus de la liberté apporte le bonheur, pourquoi tant de beaux messieurs auxquels leur fortune permettrait de se marier le plus tôt possible, au contraire reculent, ne prennent femme qu'en désespoir de cause, quand ils ont ébréché leur fortune, dégarni leur crâne, ruiné leur santé? Est-ce que les classes dirigeantes penseraient du mariage ce qu'elles pensent, dit-on, de la religion : qu'il en faut pour le peuple? « Mariez-vous, petites gens, ayez beaucoup d'enfants, nous en avons besoin pour remplir nos maisons de domestiques, nos usines d'ouvriers, nos fermes de laboureurs, nos casernes de soldats et nos cafés-concerts de chanteuses. » Ces idées coupables ont cours, j'en ai peur, dans un certain monde où les jeunes gens fuient le mariage afin de conserver leur liberté, où les jeunes filles ne l'acceptent que parce qu'il les soustrait à la rigoureuse tutelle des mères.

Contre ces malheureux il ne faut pas s'indigner avant d'avoir vu s'ils ne sont pas à plaindre au moins autant qu'à blâmer, et si le grand monde et la bourgeoisie, qui singe le grand monde, ne seraient point les victimes, si tous, car dans une nation du haut en bas on se tient,

1. Michelet, *L'Amour*, p. 33. (Flammarion, éditeur).

nous ne serions pas les victimes d'un condamnable passé.

A propos de la barbarie, de l'incurie, de la malpropreté du moyen âge, nous avons constaté que les maladies qui ravagent encore la terre, que le mépris du corps, l'horreur de l'eau claire et du grand air, c'est la féodalité qui nous les a valus, comme elle nous a valu, nous l'avons vu à propos de l'habitation, les rues étroites, les maisons élevées et malsaines. Cette fois c'est un mauvais roi qui est responsable de cette aberration du peuple le mieux fait pour goûter les joies du mariage et en accepter gaîment les charges et les responsabilités. Un malhonnête homme est dangereux partout, mais quand il est sur le trône et commande despotiquement, les maux qu'il cause font pleurer les plus lointaines générations.

Nos histoires sont remplies de la louange de Louis XIV. Ce roi-soleil a ébloui, aveuglé ceux qui sur son règne ont fixé les yeux. Ils n'ont vu qu'un Versailles éclatant et somptueux; ils ne parlent que de gloire, de pompe et de majesté. Mais au chapitre de l'hygiène nous aurions pu citer mille détails authentiques pour bien établir que cette cour dont on vante l'exquise politesse et la délicatesse raffinée était en réalité assez grossière. Dans les corridors, derrière les portes, aux recoins propices, les ordures s'entassaient[1]. Louis XIV mangeait avec les doigts, blâmait les malotrus qui s'aidaient de la fourchette. Ce monarque qui, à nos yeux abusés personnifie l'élégance et la plus fine courtoisie, avait des amusements qu'on ne saurait citer; en voici un d'un goût douteux : « Mme de Thianges et Mademoiselle étaient toutes deux fort propres pour leur manger. Le roi prenait plaisir à leur faire mettre des cheveux dans du beurre et dans des tourtes, et à leur faire d'autres vilenies pareilles. Elles se mettaient à crier, à vomir, et lui à rire de tout son cœur. Mme de Thianges voulait s'en aller, chantait pouille au roi, mais sans mesure (et vraiment sans mesure), et quelquefois à travers la table faisait mine de lui jeter ses saletés au nez[2]. » Ce qui achève, c'est que Mme de Thianges était la sœur de Mme de Montespan. Cela nous remet dans la question du mariage.

Afin d'avoir autour de lui des admirateurs, des amuseurs, des figurants, Louis avait changé les mœurs de la noblesse. Auparavant le noble vivait dans ses terres; il ne venait qu'en passant à la cour; dorénavant il y séjournera; grave dif-

1. Madame de Rémusat, dans ses mémoires, peint la surprise des émigrés et leur déception quand en 1815 ils rentrèrent au Louvre, qui n'avait plus le parfum d'autrefois. Au XVIIe siècle, les églises mêmes étaient fort mal tenues : « ordinairement il n'y a point de pavé d'écurie si sale et si dégoûtant que celui de la maison de Dieu ». Les gentilshommes entraient à l'église avec leur meute et les garçons bouchers avec leurs mâtins; « ces vilains animaux font mille ordures dans les lieux sacrés ». Livet, notes sur *Tartuffe*, p. 155.

2. Saint-Simon, 1708, t. IV, ch. 7.

férence. D'abord comme « il n'est pour voir que l'œil du maître », le seigneur, en étant sur les lieux, surveillait ses intendants, faisait fructifier son domaine. Puis, si hautain qu'il fût, il ne pouvait passer à cent pieds au-dessus de gens que chaque jour il coudoyait ; enfant, il avait joué avec les petits paysans du voisinage, homme il rencontrait ses vassaux en chassant, il comptait avec ses métayers, s'entretenait avec eux de la récolte, du bétail ; il connaissait, était connu et forcément entre lui et le manant laissait naître des relations d'où la vanité d'une part, la crainte et le respect de l'autre ne bannissaient point la cordialité. Établis de temps immémorial dans le pays, ces grands propriétaires étaient, sauf exceptions, comme les pères de leurs vassaux. Louis XIV survient, qui veut à Paris, à Versailles, toute la noblesse du royaume. Quiconque n'entend pas l'invitation et reste en province est un homme perdu : il n'existe pas ; seuls les assidus au lever, au coucher, récoltent places, dignités, bénéfices et pensions.

C'est précisément cette assiduité à la cour qui pour le pays a entraîné des conséquences funestes : elle a ruiné le seigneur, parce que la vie de la cour imposait un luxe inouï ; elle l'a ruiné sans retour, parce qu'il a dû remettre toute la gestion à l'intendant, lequel vole le maître absent, et par surcroît le dessert, le fait haïr ; car l'homme d'affaires, loin du maître, pille, pressure, écorche ; les pauvres gens gémissent, mais de la province à Paris, comment ces plaintes seraient-elles entendues ? Voilà en substance les maux causés par cet absentéisme forcé, véritable émigration à l'intérieur qui détacha le seigneur de la terre, du travail, du paysan et du pays. Ainsi, du gentilhomme qui méritait son nom, Louis fit le grand seigneur « méchant homme », dont Molière parle sans doute parce qu'il en souffrit ; du noble, Louis fit le courtisan si justement comparé au marbre parce que, comme le marbre, il est poli et dur[1]. Exécré du manant, sans racine dans la terre de France, le noble dès lors devient l'étranger, l'ennemi, et toujours le restera : on l'a bien vu à la Révolution.

Encore, si arraché à l'agriculture le gentilhomme avait consacré son intelligence aux affaires du royaume, aidé le roi de ses conseils. Mais point. De sa noblesse, Louis ne veut que les services de domesticité : danser dans les ballets, figurer aux réceptions, tenir le bougeoir lorsqu'il se déshabille, présenter la chemise... tels sont les honneurs qu'il accorde et qu'on se dispute.

Que si le roi a besoin d'envoyer aux armées ces gens-là, ils n'y tiennent pas en place ! A Versailles, sans eux, que se passe-t-il ? Un tel

1. « La cour est comme un édifice bâti de marbre : je veux dire qu'elle est composée d'hommes fort durs, mais fort polis. » La Bruyère, 8, 10.

n'en profite-t-il pas pour desservir, dépouiller l'absent, lui souffler sa promotion, sa pension, son cordon-bleu, lui ravir les bonnes grâces de sa dame? C'était à qui rejoindrait le régiment le dernier, à qui, aux premiers froids, l'armée non encore cantonnée aux quartiers d'hiver, reviendrait à la cour bride abattue. Saint-Simon, qui ne plaisait guère, s'attira ce mot très dur dont sa fortune militaire ne se releva point: « Vous revenez un peu tôt[1]. »

Obligatoirement vide de choses sérieuses, la vie du courtisan s'emplira de futilités, et puisque l'entourage d'un roi jeune et ardent réunit dans les mêmes plaisirs des hommes et des femmes, le courtisan, s'il ne vit pas uniquement pour l'ambition et la quête, vivra uniquement pour le plaisir. Au surplus le roi donne l'exemple. Avant son mariage et après, il ne sort pas des aventures galantes: l'Église gémit de sa conduite, mais n'a pas le courage de la condamner; le théâtre en fait l'apothéose[2]. La preuve manifeste que les femmes mènent le despote, c'est la fin, le mariage avec l'intrigante, le roi de France épousant la veuve du bouffon; car Mme de Maintenon n'est plus, quoi qu'on dise, la petite-fille de l'héroïque d'Aubigné; elle est la compagne étrange, inquiétante de l'invalide Scarron.

Et ce furent ces influences qui changèrent les

1. En 1696.
2. Molière, *Amphitryon*.

mœurs de la noblesse, ses idées sur l'amour et le mariage, sur la famille et l'éducation des enfants. Là-dessus il faut insister.

Au sujet de l'amour il est un détail qu'on n'a guère remarqué : c'est que le Français, à partir de 1660, n'a plus du tout de l'amour la conception qu'on s'en faisait précédemment. Ainsi, racontez aux jeunes gens de 1667, de 1672, de 1677 qu'il n'est pas le tout de la vie ; dites-leur qu'on peut avoir vingt ans, aimer éperdument et pourtant renoncer à la bien-aimée si votre père commande un pareil sacrifice ; dites-leur que si une femme ne veut pas de vous, préfère un rival ou est contrainte à l'épouser, votre devoir est de vous résigner, de partir, d'oublier, de respecter l'honneur du mari et le repos de la femme ; oui, racontez *le Cid* ou *Polyeucte* aux jeunes gens qui applaudissent *Andromaque*, *Bajazet*, *Iphigénie* ou *Phèdre*, ils vous diront : « Ces choses ne se sont faites jamais ni dites en aucun pays, sauf au pays des chimères ! » Pour la jeunesse de ce temps, Rodrigue, Sévère, Pauline n'ont existé que dans le cerveau du poète ; les grands sentiments, les beaux mots qu'il leur prête ne sont « qu'affectation pure, et ce n'est point ainsi que parle la nature ! » La nature, c'est Oreste rebuté, congédié et quand même poursuivant sa cousine fiancée à un autre et qui le hait ; c'est Pyrrhus qui dit à Andromaque : « Épousez-moi ou je tue votre fils ! » C'est Roxane, c'est Phèdre. Et voulant être poli on conclut : « Corneille peint les hommes tels qu'ils devraient être[1] » mais l'interprète de la nature, le peintre de la vérité, c'est Racine !

Et le plus fort, c'est que nous aussi, qui n'appartenons pas à la Cour, qui sommes « emplis jusqu'au goulot de préjugés bourgeois », nous concluons de la sorte !

C'est une affaire réglée : Corneille est plus moral, mais moins vrai ! il peint grand, mais de chic; ses héros n'ont existé que dans son imagination qu'il avait sublime. Nous ne voulons pas voir que les personnages de Racine, ses Pyrrhus, ses Oreste, ses Phèdre sont avant tout d'abominables canailles. Un ambassadeur qui de nos jours remplirait sa mission comme fait le fils d'Agamemnon serait bien vite rappelé, révoqué, puni. Louis XIV lui-même qui applaudissait quand la scène était à Buthrote, dès qu'elle était à Casal et qu'Oreste s'appelait Mattioli, enlevait le traître, l'enfermait pour la vie, un masque de fer sur le visage. Les monarques, les vieux ministres qui jouent avec la guerre et l'amour comme Pyrrhus et Phœnix sont plus qu'odieux, ils sont criminels, et nous crierions : « Bravo, Racine, voilà comment sont les vrais humains ! » Oui, voilà comment sont les courtisans du grand roi : la peinture est admirable de ce monde artificiel qui désormais sera le grand

1. La Bruyère, 1, 54.

monde, mais qui n'est pas plus la France d'alors que les héros de certains de nos romanciers ne sont la France d'aujourd'hui[1]. Le vieux Corneille, justement parce qu'il était vieux et datait de 1606, avait connu d'autres hommes. Ce n'était pas uniquement dans son cœur que de ses amoureux, de ses épouses, de ses fils et de ses pères, il avait trouvé le modèle : la noblesse de France était pour la plus grande partie cornélienne avant que Louis eût passé.

De ce règne, qui dura trop longtemps, on voit maintenant ce qui est demeuré : cette idée que l'amour est, pour tous les hommes, l'unique occupation, le but suprême de l'existence; qu'il n'est point une faiblesse à laquelle l'honnête homme est heureux de céder en s'appuyant de toutes les sauvegardes qu'il trouve dans sa raison et dans son honneur, mais une passion à laquelle on se livre en aveugle, le mobile de tous les actes, une vertu qui légitime les faiblesses et excuse jusqu'aux forfaits [2].

1. Racine eut apparemment horreur de son œuvre, d'autant plus dangereuse qu'elle est plus belle, et brusquement, après *Phèdre*, l'interrompit. Lorsque, avec *Esther* et *Athalie*, il revint au théâtre, malgré ses efforts, malgré la Bible, c'est encore la cour qu'il peignit avec ses passions, ses intrigues, ses perfidies, ses crimes. Qui sait même s'il n'a point connu l'amour qu'il a dépeint, et si cette passion ne l'a point conduit lui-même au bord de l'abîme? (Affaire de la Du Parc, déposition de la Voisin, 21 nov. 1679.) Sauvé, il se serait réfugié dans le mariage.

2. L'honnête Boileau eut cette crainte que dans les pièces de son ami Racine, l'amour ne parût excuser tout, écarts, fautes et crimes. *Art poét.*, 3, 101.

Il en est demeuré ce goût du désordre et ce mépris du mariage qui désormais seront comme le privilège et la gloire de l'aristocratie. On n'osera plus au XVIIIe siècle vivre avec sa femme, et si le hasard fait qu'on aime justement celle qu'on a épousée, on s'en cachera comme d'un ridicule[1].

Enfin, il en est demeuré ce dédain de l'enfance inapte aux représentations du monde et aux intrigues. Dans le logis du courtisan et de sa femme, quelle serait la place de l'enfant ! Perspicace, encore qu'innocent, ce témoin n'est-il pas une gêne ? Il suffit : on le reléguera aux mansardes avec les valets, on embastillera les garçons au collège, les filles au couvent.

En somme le règne de Louis XIV a pour longtemps dans le grand monde discrédité, avili le mariage, et, malgré les minauderies, le jargon, dégradé l'amour[2]; les vertus du père et de la mère de famille, les joies et les grandeurs de l'amour honnête et sain ont été abandonnées aux petites gens. Il a faussé, peut-être pour toujours, l'esprit, le cœur des hautes classes condamnées à se repaître de vanités et d'intrigues ; il les a persuadées que c'est déchoir que d'appliquer son activité en dehors de la révérence, du menuet,

1. Destouches, *le Philosophe marié*, 1726.

2. D'où la définition de Chamfort : « L'amour, *tel qu'il existe dans la société*, n'est que l'échange de deux fantaisies... » Édition Jouaust, 1, p. 12. En effet, pour le monde, l'amour n'est que cela.

des cartes, des soupers fins et de la galanterie. Et il leur a rendu ainsi très difficile, presque impossible, la recherche du bonheur.

Enfin par l'imitation de la bourgeoisie qui a voulu faire élever ses enfants comme les enfants de la noblesse, ce règne déplorable a préparé le danger national qu'un livre courageux signalait récemment en parlant d'un pays de célibataires et de fils uniques, et produit à la longue ce qu'on appelle la crise de l'enseignement secondaire.

En effet, voici près de trois cents ans que les classes dirigeantes en France n'élèvent plus leurs enfants pour les fonctions naturelles et très hautes de père et de mère de famille. Comme au temps de la royauté, filles et garçons sont au plus tôt éloignés du foyer, ce qui, on l'avouera, est un singulier moyen de leur faire aimer la vie d'intérieur. Les filles grandissent au couvent, formées par des femmes qui ne sont plus ni filles, ni sœurs, ne veulent pas être mères, ont rompu avec la famille, sont mortes à ses affections; les garçons, au lycée, s'occupent surtout, comme dit Lubbock, de la façon dont des gentlemen morts depuis mille ans tournaient ceci : « le livre de Pierre » ou « son ambition perdra cet homme ». Les filles ne voient les garçons que très rarement, on les éloigne même de leurs frères; les garçons sont pareillement écartés de leurs sœurs, de leurs cousines, des jeunes filles de leur âge : ce sont comme deux peuples qui doivent s'ignorer jusqu'au jour où on les met brusquement en présence en leur disant : « Vous ne vous connaissez pas, épousez-vous ! » Ainsi la vie la plus artificielle qui se puisse imaginer, avec des pratiques qui sont le contrepied des coutumes de l'existence réelle, c'est ce que le peuple le plus intelligent du monde a trouvé de mieux pour préparer ses enfants à la vie ! Voyez plutôt : séparation des sexes, rien que des hommes, ou rien que des femmes [1], classement par âge, rien que des petits, ou rien que des moyens, ou rien que des grands ; claustration en des bâtiments verrouillés, emmurés ; repas en commun ; dortoirs ; lever et coucher à heures commandées ; travaux et divertissements par ordre ; examens décisifs passés en quelques heures devant des juges qui ne connaissent point ceux qu'ils examinent ; compositions accumulées le matin et le soir d'une même journée très chaude prise au plus mauvais mois de l'année ; congés qui, de gré ou de force, suspendent à dates fixes la vie scolaire..., bref, rien qui rappelle la vie qu'on a vécue avant d'entrer au collège ou au couvent, rien qui prépare à la vie qu'on mènera après qu'on en sera sorti. Et puis on s'étonne, on crie à la dépravation des mœurs, quand les êtres d'exception qu'on a formés si complaisam-

1. Sur les dangers de ces agglomérations d'un seul sexe, voir Marion, *la Solidarité morale*, p. 201.

ment, lâchés dans la vie normale se refusent à la vivre, ou n'y font que des sottises! On se plaint que les jeunes gens ne veulent plus se marier. Où donc les a-t-on préparés au mariage? Enlevés à leur famille parfois avant l'âge de six ans, ils ont grandi dans les établissements publics ou privés, pépinières de vieux garçons, où l'on prend l'habitude de végéter seul, de coucher, de manger en des salles banales où nul, aux murs, n'a le droit de laisser d'autres marques de son passage que des taches ou des dégradations. Et c'est là qu'ils prendraient le goût du ménage?

Quant aux jeunes filles, ignorantes de la vie moderne, à moins qu'elles ne sortent des établissements de l'État, elles n'entendent rien aux travaux, aux occupations des hommes, elles ont beaucoup de peine à s'intéresser à la vie d'hommes sérieux, n'admettent pour fiancés que les cotillonneurs. Si bien que des couventines, des collégiens, il faut renoncer à tirer des mères de famille et des citoyens, soit qu'on les accouple soit qu'on les abandonne à leurs goûts solitaires.

Et voilà l'angoissante situation de notre pays. En haut, les mœurs de l'ancien régime nous donnent les héros et les héroïnes des romans de MM. Bourget, Marcel Prévost, Henri Lavedan, etc.; en bas le logement ouvrier et l'alcool nous donnent les tristes personnages si bien dépeints par M. Zola dans la série de ses Rougon-Macquart.

II. — Faut-il désespérer? Non, car dans tous les rangs de la société, mais surtout là où il y a le plus d'ardeur, c'est-à-dire parmi les jeunes gens de toute condition, le désir se manifeste enfin de s'arracher aux traditions et aux misères qui, léguées par le passé, pèsent si lourdement sur le présent, amoindrissent l'âme française, ruinent la famille et la race.

Les ouvriers les premiers peuvent s'affranchir et, par le mariage, se régénérer et sauver la nation. Ils n'ont pas contre eux la pratique héréditaire de l'oisiveté; ils n'ont pas la coutume, mortelle pour les affections de famille, d'éloigner de bonne heure l'enfant. Le mal au contraire vient chez eux, et de l'excès du labeur qui les empêche de vivre humainement, et de l'exiguité du logement qui met l'enfant trop près des parents.

Mais la machine, le progrès des mœurs, déjà allègent la tâche du pauvre; d'autre part les habitations à bon marché lui permettent d'avoir sous le même toit plusieurs chambres pour séparer les vieux des jeunes.

Les ouvriers ont donc enfin la possibilité d'être, avec joie et pour le plus grand bien du pays, pères de famille et citoyens. C'est à eux de rendre au mariage sa grandeur et sa sainteté, c'est à eux de retrouver dans le mariage, le bonheur que des égarés déclarent qu'il est impuissant à donner.

Concernant le mariage, trois questions sont à examiner : il faut savoir 1° quand, 2° comment, 3° pourquoi, il convient de se marier.

Encore qu'on dise souvent : « Se lever matin et se marier jeune sont deux choses dont un homme ne se repent jamais », ne conseillons pas à l'ouvrier de se marier trop tôt. D'abord la jeunesse manque d'expérience et un chef de famille n'en saurait trop avoir. Puis il est bon que l'apprentissage soit terminé, que, passé maître en son métier, le jeune homme gagne assez pour suffire aux besoins de deux grandes personnes et des enfants.

Enfin il est reconnu par les médecins que, trop jeunes, les époux n'ont des enfants robustes que rarement, perdent leurs premiers nés. Voilà donc trois excellentes raisons pour attendre.

En tenant compte des conditions actuelles de la vie, nous n'aurons nulle peine à trouver le bon moment. Par exemple, il conviendrait qu'avant de tirer au sort, le jeune ouvrier eût achevé son apprentissage ; pendant les années de service, la vie au grand air, les mâles exercices du régiment fortifieraient, assoupliraient son corps que le métier, peut-être commencé trop tôt, avait tant soit peu déjeté. Droit, la poitrine élargie, les muscles durcis, la croissance achevée ou peu s'en faut, entretenu dans un embonpoint normal par la nourriture sagement mesurée, il sortirait du régiment robuste et sain, presque aussi beau que ces Grecs dont nous avons vanté la judicieuse pédagogie. En outre mûri par l'âge et la discipline, affiné par les changements de garnisons, les voyages en France et aux colonies, il aurait, sous la conduite d'officiers instruits et bienveillants, complété l'apprentissage de la vie à peine commencé à l'école primaire, à l'usine, au magasin ou à la ferme. Qui donc mieux que le jeune soldat libéré serait le candidat parfait au mariage?

Hélas ! ai-je bien dit la vérité? Par les faits eux-mêmes ne suis-je pas contraint à me démentir ?

Partis honnêtes, vaillants et sains, que de jeunes gens reviennent du service dépravés, dégoûtés du travail, la santé détruite ! Ils ne buvaient pas, ne fumaient pas, ne jouaient pas ; on les renvoie joueurs, fumeurs, coureurs, alcooliques, et pis encore ! C'est qu'ils ont rencontré des mauvais camarades, de tristes loustics qui du pauvre *bleu* se sont impitoyablement moqués, ont pris plaisir à déniaiser son innocence, à exaspérer et pervertir son honnêteté. Et l'État, qui devrait être responsable, qu'a-t-il fait? est-il venu au secours du conscrit pour le conserver tel que sa famille le lui avait donné? Non, c'est du côté des séducteurs qu'il s'est mis, puisque c'est lui qui a distribué les bons de tabac à notre enfant ; c'est l'État qui lui a créé ce besoin malfaisant, coûteux dont plus jamais il ne s'affranchira; c'est l'État qui lui a ouvert près de la caserne de ces bars, cabarets, etc., etc., qu'il fermerait s'il ne jugeait pas bon que le soldat les fréquentât. Cette conduite est plus qu'étrange : l'État ne fait pas son devoir.

Et nous, du moins, faisons-nous le nôtre ? Pas davantage. Les dangers que court le conscrit et que je ne puis énumérer, nous les connaissons. Et puis? Et puis, comme toujours notre égoïsme, notre lâcheté nous tiennent inactifs. Si on mobilise le corps d'armée de la région, ou lors des grandes manœuvres, d'un départ pour les colonies, nous distribuons des cigares, nous remplissons les bidons : nous sommes les gens des grandes circonstances et des largesses pernicieuses. Le petit devoir de chaque jour nous laisse indifférents. C'est chaque année, c'est à l'arrivée de la classe que nous, les pères, nous devrions nous montrer, non les mains pleines de bouteilles, mais le cœur prêt à se dépenser. Ah! si nous étions des citoyens, comme nous comprendrions mieux ce que nous devons à nos concitoyens! « Jeune homme, tu arrives au régiment, viens chez moi; tu vas servir; moi j'ai servi; ma maison sera la tienne, je remplacerai ton père, je te donnerai plus d'un bon conseil. Mon fils, l'an prochain, partira; peut-être ira-t-il de tes côtés, tu le recommanderas aux tiens. » Qui fait cela? Bien peu encore. Je le redis : nous ne sommes pas des citoyens ; nous avons des mœurs de sujets.

A Rome, si un esclave était mis en croix ou battu de verges, les autres riaient de ses contorsions; ils pensaient qu'ils auraient bien le temps de pleurer quand viendrait leur tour. Nous avons cet égoïsme de l'esclave, cette indifférence aux maux des autres, même si nous savons que ces maux viendront sûrement jusqu'à nous. Nous avons aussi le dédain stupide de celui que nous ne connaissons pas. Mais c'est un Français, ne le vois-tu pas ? c'est un homme ! que te faut-il de plus pour être en connaissance ?

Enfin — ne sera-ce point trop tard, — en France on commence à sentir cela. Déjà il y a plusieurs villes où dans une chambrette, une table, quelques chaises, des livres attendent les jeunes soldats : on les invite à venir là aux heures où ils sont libres afin qu'ils se reposent, se recueillent, qu'ils écrivent à leurs parents. Au moins, de la sorte, ils échappent au cabaret, aux mauvais lieux[1].

C'est quelque chose; je voudrais mieux. Cette hospitalité souvent est intéressée ; le soldat qui l'accepte se voit bientôt enrôler sous une autre bannière, ou bien cela sent l'œuvre de charité.

1. Pour les jeunes filles qui voyagent, une organisation analogue les accueille dans les villes où elles n'ont pas de connaissances ; un écriteau placé dans les gares leur donne l'adresse des dames honorables par qui elles seront conseillées, protégées, souvent même logées.

En ces constructions nouvelles que nos grandes villes verront bientôt s'élever et qui seront le sanctuaire de l'âge démocratique, dans les Palais du Peuple, il faut que l'ouvrier réserve, pour ses frères du régiment, un coin plus intime, un vrai foyer : il faut que celui qu'on a pris à sa famille retrouve là une famille d'adoption; qu'il y soit accueilli non par les hommes seulement et par les jeunes gens qui lui fourniront au besoin le soutien et la distraction, mais par les mères et les sœurs qui ont à offrir un don plus précieux, plus indispensable au soldat de France : celui du cœur[1].

C'est de cette société féminine, que la bourgeoisie écarte si follement de ses établissements d'éducation, c'est d'elle surtout que nous attendons la sauvegarde contre le grand danger.

Le grand danger pour la jeunesse, c'est la débauche.

Sur l'amour, entendons-nous bien. Le proscrire est une folie, toujours, mais jamais plus qu'ici où l'on veut mener au bonheur; l'avilir, c'est tuer le bonheur.

Donc il faut que, dans sa vie, l'homme fasse à

1. Des « Foyers du soldat » commencent à s'ouvrir dans quelques villes de garnison. St-Étienne a le sien. Montargis (Loiret), en a un aussi qui a été organisé par le Cercle Pasteur, Association d'anciens élèves d'une école laïque. La tendance à recevoir de ville à ville les anciens élèves des écoles laïques qui font leur temps de service, s'accentue de jour en jour davantage dans les Patronages et les petites A laïques.

l'amour une place; il ne faut pas qu'il lui donne toute la place. Nous le répétons: il n'y a qu'une société d'oisifs qui puisse en faire le tout de l'existence. L'amour qui remplissait les pièces de Racine, comme il remplissait la vie du courtisan, comme il remplit celle du mondain d'aujourd'hui, malgré tous les raffinements de langage et de sentiments dont on l'entoure, n'est qu'une chose assez basse; pour les travailleurs nous voulons qu'il soit une chose très haute. Mais pour en faire ce qu'il doit justement être dans la vie d'un honnête homme, rappelons-nous que « toutes les passions peuvent devenir innocentes, si elles sont bien dirigées et modérées. Tout ce qui rend les passions plus pures, les rend plus fortes, plus durables et plus délicieuses [1] ». Puisque nous cherchons le bonheur de l'homme du peuple, que saurions-nous trouver de plus efficace pour transformer sa vie que de l'emplir de cette passion pure, forte, durable et délicieuse ?

L'amour qui dégrade, qui ruine la santé et corrompt le cœur est à notre portée : étendons la main, nous saisissons cette ivresse malsaine. Souvent on fait cette comparaison : un pêcheur paresseux jette du quai sa ligne dans le port; les poissons qu'il prend là sans nulle peine se sont nourris aux égouts de la ville et aux sentines des vaisseaux. Mais celui qui veut une nourriture

1. Joubert, 5, 2.

saine et a le courage de la gagner, ouvre sa voile et va au large. C'est aux jeunes gens de décider ce qu'ils préfèrent; s'accommodent-ils de la boue du port et de ses pourritures? ou, plus loin, plus haut, veulent-ils cingler vers l'amour? le vrai amour, pur et sain, celui qui décuple les forces, ennoblit l'âme, emplit le cœur d'allégresse et de poésie, enchante l'existence et l'allonge.

L'affirmation serait mensongère et dangereuse si l'on disait au jeune ouvrier que se garder pour cet amour est chose aisée, qu'on reste pur en se jouant. Mais qu'ai-je annoncé en débutant, sinon que le bonheur se conquiert de haute lutte, s'achète, plus encore que le pain quotidien, à la sueur de notre front? Et l'amour vrai, ses joies qui sont parmi les plus exquises et les plus fortes de la félicité humaine, avant qu'il lui soit donné de les goûter, exigent du jeune homme combats, sacrifices et renoncements.

Ici, contre elle, la jeunesse a tout : elle-même d'abord, son inexpérience, son ardeur, ses emportements, puis le monde, les camarades, les relations. Si donc elle veut triompher, il lui faut s'aider, dans la lutte, de toutes les ressources de l'intelligence et de toutes les énergies du cœur [1].

D'abord contre soi-même elle appellera à son

1. Un excellent auxiliaire sera la brochure du docteur Paul Good, *Hygiène et morale*, Saint-Etienne. Relèvement social, 2, rue Balay.

aide le travail. Ce remède souverain, à l'oisif on ne pourrait le prescrire; dans les besoins extrêmes, lorsqu'il se résigne à l'employer, souvent il ne trouve que le faux travail, l'occupation, le divertissement. Mais le vrai labeur, âpre, épuisant sans doute, mais fécond, sauvera l'ouvrier des tentations. Que le jeune homme s'absorbe dans l'apprentissage de son métier, qu'à son métier, il ajoute toutes les études que les cours d'adultes et les universités populaires mettent à sa portée. Qu'il surveille les détails de la vie animale, que pour l'habitation, le vêtement, la nourriture, la boisson, l'exercice, il observe les lois de l'hygiène. Dans ce combat contre la passion, il est à propos de faire arme de tout. Voyez le régime que M. Payot conseille au jeune étudiant [1]. Surtout, fuyez le café, où durant des heures on reste assis, où, dans l'atmosphère viciée, on se congestionne, tandis que l'alcool produit ses funestes excitations. Enfin sachez vous interdire les mauvaises lectures. On dit que « tout est sain aux sains »; n'y croyez pas trop. Jugeriez-vous bien sensé un homme qui, sous prétexte qu'il est vigoureux, bien portant, sans tare, saupoudrerait ses aliments de bacilles virulents? La prudence est mère de la sûreté ; vilaines gravures, mauvais livres, mauvais journaux ne sont bons à rien, jamais : n'y touchez pas. Si vous y touchez, c'est qu'ils vous plaisent

1. *Éducation de la volonté*, l. III, ch. 4 (F. Alcan, éditeur).

et c'est être perdu ou très facile à perdre que de se plaire à ces malhonnêtetés.

Contre les autres défendez-vous également par tous les moyens. Fuyez les mauvais camarades[1], et s'il vous arrive de n'en pouvoir esquiver la rencontre, ayez toujours prête une réponse brève, forte, sans réplique, pour refuser de les accompagner. S'ils vous prennent au dépourvu, vous serez incapables de résister, ils vous entraîneront. « Non, aujourd'hui je ne puis pas venir, mon père m'attend », et dites cela d'un ton qui arrête toutes les insistances.

Contre les mauvais, aidez-vous des bons. Si autour de vous, se trouvent de braves garçons, si vous êtes deux, trois inséparables qu'on sait sans reproche et inaccessibles aux séductions, les mauvais sujets ne s'approcheront point. S'ils ricanent, laissez faire; moins vous répondrez plus tôt ils cesseront. Puis qu'importe? Les médisances de certaines gens ne sont-elles pas des louanges?

Aidez-vous aussi de vos parents; à leur égard ne soyez point cachottiers; consultez-les sur vos relations, racontez-leur vos aventures; consultez aussi vos instituteurs et, au besoin, votre patron.

Parfois cependant avec les parents, il y a tout à craindre. On rencontre des pères indignes qui sont ravis de voir leur fils s'émanciper, polisson-

1. Payot, *Op. cit.* IV, 2.

ner. Mieux encore, c'est le père qui débauche le fils, c'est le père qui met aux lèvres du garçon sa première pipe, qui lui verse sa première absinthe, et, le samedi, lui glisse la pièce : « Amuse-toi, mon gars, pendant que tu es jeune ! » Ce sont de mauvais pères.

Parlons enfin de l'auxiliaire le plus précieux. Contre la contrefaçon de l'amour, rien n'est plus fort que l'amour même. En vain on vous dirait : « Pour vous préserver, pensez à celle que plus tard vous épouserez, qui sera la mère de vos enfants; que son idée contre les tentations vous garde. » Une idée est très forte, je le sais; mais une réalité est plus forte cent fois. La jeune fille que vous ne connaissez pas, que vous avez peine à imaginer vous défendrait mal des séductions immédiates, nullement imaginaires, visibles au contraire et pressantes. Eh bien! auprès de vous, sous vos yeux, contre votre cœur, ayez la réelle protection de votre fiancée. Choisissez, mais choisissez bien, puis emplissez votre existence de cette jeune fille qui, dans trois ans, dans quatre ans, sera votre femme, et qui contre toutes les autres, en attendant, vous gardera. Je ne veux pas répéter là-dessus ce que j'ai dit dans la *Rhétorique du Peuple*. Mais il est quelques objections auxquelles je dois une réponse.

Par exemple, on vous dira que je conseille à la jeunesse de se lier les bras, de se mettre la corde au cou ! S'engager sans se marier, prendre les ennuis du mariage sans en avoir les joies! C'est folie. D'autres, allant plus loin, prétendent que la plus grande folie c'est le mariage lui-même, et que le plus sage ajourne tant qu'il peut le moment de se ployer à ses charges. O le mal-avisé, qui attendrait pour charger ses épaules que ses reins soient moins forts et son cœur moins joyeux! C'est lorsqu'on a la vigueur et l'entrain, la confiance du jeune âge qu'il faut s'accoutumer au fardeau. Que pèse-t-il alors? moins que rien. Mieux vaudrait avoir le courage de déconseiller absolument le mariage, et dire crûment aux jeunes gens: «Ne prenez femme jamais!» Comme si cela était possible! Un homme qui connaît le monde, l'écrivain russe Tolstoï, dit que « tout homme traverse la vie en portant une femme; » seulement, pour tenir ce fardeau, il y a plus d'une manière : les uns, qui se marient, portent la femme sur leur dos, ils ont les bras libres; les autres, qui ne veulent pas du mariage, portent la femme dans leurs bras. Pour se tirer d'affaire, que leur reste-t-il à ceux-là? Ils se sont crus les plus malins; ils sont les plus empêtrés.

D'autres nous disent de ne point nous presser, d'attendre afin de nous caser plus avantageusement. Oui, mais si, en attendant, je succombe? La lutte est assez pénible pour qu'on ne la prolonge point à plaisir. Ou bien encore, on veut nous épargner des chagrins. Si la fiancée se lasse, est infidèle et rompt! — Eh bien! si c'est moi qui, par mes défauts, l'ai dégoûtée, tant pis pour moi; mais tant mieux, si les torts se trouvent de son côté, si elle est légère, inconstante. — Mais si elle meurt, y pensez-vous? Voilà un cœur brisé!... Hélas, ces épreuves nous attendent tous. Est-ce une raison pour reculer devant elles? faut-il s'interdire de vivre par crainte des souffrances qui accompagnent la vie? La douleur est une rude, mais bonne éducatrice dont il n'est pas prudent d'épargner à la jeunesse toutes les leçons : « La douleur élargit les âmes qu'elle fend[1]. »

Ainsi donc, que le jeune homme vive seul, nous ne voyons autour de lui que pièges et abîmes. Au contraire, si de bonne heure il a lié sa vie, nous voilà rassurés. En effet, quelle source de grands sentiments dans cet engagement d'honneur : « Je suis à vous et sans contrat; mon vouloir d'honnête homme seul m'engage; je suis à vous, et tel, non pas tel, mais plus aimant vous m'aurez, quand, mon congé fini, sera venu le moment de nous établir. » Quelle unité, par suite quel sérieux et quelle force en cette existence de jeune homme qui, sans cesse, ramène dans tous ses actes, dans tous ses projets, la pensée de sa fiancée : je dois faire ainsi, je dois tenter cela parce qu'elle sera fière de moi, moi plus digne d'elle, parce qu'elle m'aimera davantage.

Cet engagement, s'il est bon de le prendre tôt,

1. Émile Augier.

le prendre vite serait folie. On ne décide pas des fiançailles à l'étourdie; sur un coup de vent qui enlève une mèche blonde on ne donne pas son cœur! Choisissez et choisissez bien, en prenant toutes les précautions; de ces précautions, la plus sage (celle que pourtant la jeunesse volontiers néglige), c'est de consulter ses parents; le père ordinairement plus coulant, si la fillette est accorte, est prompt à se laisser gagner, consent le premier; la mère, plus fine, moins aisée à contenter, clairvoyante comme une rivale, tourne et retourne. De se concerter avec eux, il ne faut avoir nulle honte : prendre femme, c'est le droit de tout homme sain de corps et d'esprit; ne rougissez jamais d'exercer un de vos droits. C'est un devoir aussi; on peut donc aborder cette question avec la grave confiance qu'un brave homme apporte à l'accomplissement de ses devoirs.

L'étrangère, souvent, paraît plus séduisante, mais la fille du pays est plus sûre; même langue, mêmes idées, elle vous comprendra mieux, à son tour sera plus facilement comprise, et il se trouvera qu'ayant même passé, déjà avant de vous fiancer vous aviez en commun mille pensées et que sans vous connaître, vous vous entendiez[1].

Sur un pareil suj[illegible] la jeunesse, à l'ordinaire, n'aime guère les c[illegible]s. Je ne dis plus qu'un mot. D'abord aux garçons : prenez-la modeste, vaillante et bonne; mais de la coquette et de la

1. Voir Michelet, *La Femme*, livre II.

méchante, gardez-vous comme du feu. Voici une règle très sûre : « Il faut ne choisir pour épouse que la femme qu'on choisirait pour ami, si elle était homme [1]. » Puis aux filles : pourquoi donc êtes-vous si gentilles, si douces aux mauvais sujets? L'effronté, le coureur, la mauvaise tête a tous vos sourires; et le brave garçon, chaste, réservé, respectueux, vous l'appelez « nigaud » et vos moqueries l'éloignent. O les sottes!

Reste à savoir pourquoi nous, les hommes, nous nous marions, c'est-à-dire, nous mettons dans notre maison une femme. C'est toute la question du féminisme. Si c'est pour avoir une bonne domestique, dévouée et pas chère, et qui ne nous donnera pas ses huit jours, c'est abominable. Regardons ce qui se passe, par exemple, dans le Midi, où les Arabes ont si longtemps séjourné, et où l'on a un peu les manières bédouines : le mari s'attable; la femme debout dîne d'un hareng et d'un oignon, boit de bonne eau qu'elle est allée tirer au puits. L'homme bien accoudé, feutre en arrière, couteau au poing, mange le lapin sauté arrosé de vin pur. Pour les Méridionaux, comme pour Aristote, le mariage est d'essence monarchique, ils sont royalistes dans leurs maisons; ils ne consentiraient pas volontiers à faire du ménage un état républicain, une association entre égaux. Et tout le monde, en France, est un peu de Tarascon.

1. Joubert, 8, 9.

Que la femme apprête la soupe, mais ne la mange pas, travaille et ne touche de la paie que ce qu'en a laissé le cabaret, quand il en laisse, c'est une pratique assez répandue, au-dessus de la Loire comme au-dessous. Beaucoup d'hommes même croient que telle est la loi, disent que du côté de la barbe est la toute-puissance, regardent la femme comme un bien dont le possesseur a droit d'user, d'abuser.

Il faut, au contraire, être bien convaincus que ce n'est pas pour nous que nous nous marions. Nous nous marions pour notre femme, dont nous élargissons l'existence, c'est-à-dire dont nous assurons le bonheur ; elle n'était rien chez son père, n'avait rien ; elle devient dame, elle a sa maison. Nous nous marions pour les enfants que nous appelons à l'être et, par conséquent, au bonheur; pour le pays enfin, et pour l'humanité qui, en vue de leur prospérité et du progrès, ont besoin que toute la terre soit couverte et couverte de familles nombreuses, vaillantes, unies, heureuses.

Si à notre femme et à nos enfants nous fournissons, même en nous sacrifiant, la plus grande somme de bonheur possible, il est immanquable que nous ne soyons nous-mêmes très heureux ; que si nous ne leur fournissons pas ce bonheur qu'ils attendent, nous sommes coupables, nous trahissons notre devoir.

Une belle page de Michelet nous expliquera ce

bonheur que la femme attend du mariage. Michelet décrit à un jeune homme, qu'il engage à se marier, un groupe du statuaire Puget. Ce groupe représente Persée délivrant Andromède. La mythologie raconte que Cassiépéia, femme du roi d'Ethiopie Cepheus, avait excité la colère des Néréides; leur roi Poséidon, dieu des flots, inonde le pays, envoie un monstre marin qui dévore hommes et troupeaux. Un oracle fait savoir que si on livre au monstre la fille du roi, Andromède, enchaînée, les dévastations cesseront. Persée voit la jeune fille, attend le monstre, le tue et la délivre. Andromède est la personnification de la femme que la faiblesse de son organisme expose à mille dangers et qui doit trouver dans l'homme, représentation de la force, son défenseur naturel.

« Persée vient de tuer le monstre qui allait la dévorer. Dans un inexprimable élan de félicité, il enlève d'un seul doigt la lourde chaîne de fer qui suspendait la jeune fille. Pour elle, éperdue, demi-morte, elle ne sait pas où elle en est. Elle ne sait qui la délivre. Elle ne pourrait pas se porter, ayant été paralysée par ce rude froissement de chaînes, et surtout par l'épouvante. On peut dire qu'elle n'en peut plus. Cet état d'extrême faiblesse et d'abandon absolu est tout à fait au profit de l'heureux libérateur. Car enfin, elle n'est pas morte; son petit cœur bat encore, et pour qui? On le sent bien. Les yeux fermés, de tout son poids elle se laisse aller sur lui. Close encore, mais si émue ! sa jolie bouche veut dire : « Prends-« moi, reçois-moi, porte-moi... Je suis tienne, « charge-toi de moi... Je me donne, sois ma pro-« vidence, fais de moi ce que tu veux... »

« Tous ceux qui voient cette œuvre ne manquent pas de s'écrier avec attendrissement : « Oh! « qu'il est heureux, ce Persée!... que j'aurais « voulu être là et sauver la petite fille! »

« Heureux qui délivre une femme! qui l'affranchit de la fatalité physique où la tient la nature, de la faiblesse où elle est dans l'isolement, de tant de misères, d'obstacles! heureux qui l'initie, l'élève, la fortifie et la fait sienne!..[1] »

Ainsi le mariage a des bienfaits sans nombre. Nous avons vu qu'il soustrait l'homme à des servitudes honteuses, et, par la responsabilité, l'élève très haut, lui donne rang de roi. Il émancipe aussi la femme, change sa faiblesse en force. Il augmente la stabilité, la richesse, la moralité de la cité, en lui fournissant des travailleurs honnêtes et vaillants, et par là, il avance l'avènement du règne humain, contribue à soumettre la planète à l'intelligente domination des hommes.

Comme nous ne voulons pas perdre de vue notre sujet, lequel est le bonheur, arrêtons là ces considérations générales, restreignons-nous à l'individu.

Pour l'individu le mariage, avec sa conséquence

1. *L'Amour*, page 31 (Flammarion édit.)

naturelle qui est la famille, est la condition essentielle du bonheur. Il est bien entendu que la famille n'est, en aucune façon, la trinité mesquine qu'un livre connu a chantée[1] : monsieur, madame et bébé, trois personnes ne font point une famille. La famille n'est pas non plus là où des parents, quand leurs enfants sont établis, redeviennent célibataires et rentrent, à l'âge de la vieillesse et des infirmités, dans les soins mercenaires ou s'éteignent dans l'abandon. La famille est encore moins là où des époux bourgeois, livrant leurs rares enfants à des domestiques ou les enfermant dans des pensions, se fuient l'un l'autre, courent chacun à leurs plaisirs.

La famille qui, seule, est apte à fonder notre félicité se rencontre uniquement là où se voit le groupement le plus nombreux et le plus serré de parents de tout âge et de tous degrés.

Dans ces conditions la famille exerce vraiment sa fonction qui est d'amoindrir les chagrins d'un seul par la compassion de tous, d'amplifier la joie d'un seul par le retentissement de cette joie dans tous les autres cœurs. La meilleure assurance mutuelle contre les risques matériels de la vie, la meilleure assurance morale contre le sinistre de la mort, c'est la famille; j'entends la grande famille où, sous l'œil des grands-pères et des grand'mères, les frères et les sœurs déjà âgés gâtent les petits et les protègent autant que

1. Gustave Droz, *Monsieur, Madame et Bébé*.

le feraient le père et la mère, où les cousins vous aiment comme des frères et où il suffit de porter le même nom, d'être issu du même sang pour être accueilli, qu'on soit riche, qu'on soit pauvre, la main tendue, le cœur ouvert.

Cette famille-là est l'asile du bonheur.

LECTURES

1. — L'amour.

Qui donc le connaît cet hôte divin, plus doux que le bonheur, plus beau que le printemps, plus fort que la mort? On ne le sondera jamais. Dans la jeunesse, nous le recherchons et nous croyons l'éprouver quand une certaine sympathie ardente, une douce chaleur nous avertit qu'un autre être nous est cher et que nous tenons à lui. Ceci n'est que le commencement de l'amour. Chez beaucoup, cette fleur printanière tombe vite sans porter de fruits. De combien de ces fleurs, flétries et fanées au vent du désert, effeuillées au froid, aux tempêtes, le chemin des hommes n'est-il pas semé!

Pauvres germes d'amour tombés sur des cœurs trop durs, trop égoïstes, qui n'ont pas trouvé le suc vivifiant de la terre nourricière! Ils nous montrent surtout de l'amour la fragilité, la grâce éphémère. Je ne les condamne pas, je les plains comme on plaint tout ce qui meurt en son matin.

Malheureusement on s'habitue trop à voir ces unions, où l'amour, mort jeune, est une relique qui dort oubliée au fond du souvenir, comme les fleurs d'oranger et la robe de noce dorment dans quelque armoire. Il doit en être ainsi, finissons-nous par croire : c'est la loi commune !

Élevons plutôt nos cœurs vers quelque chose de plus durable, un amour plus persévérant. Celui-là ne s'en va pas avec les roses. Il reste, il est fidèle, vivace, endurant. Il supporte les bourrasques, il ne craint pas les gelées; les chaleurs tropicales ne lui font pas peur. Il est tout autre qu'un joli enfant un peu mutin et un peu capricieux. C'est un rude et vigoureux compagnon. Les beaux jours ne lui sont pas indifférents, mais il se montre et se prouve surtout dans les jours mauvais. Il sait souffrir, pardonner, supporter. Il ne dépend ni d'un rayon de soleil, ni de la couleur d'un cheveu. Il n'a pas d'âge ; ou plutôt comme le bon vin, il gagne à vieillir et nous fait songer à ce délicieux proverbe allemand : « *Alte Liebe rostet nicht* (vieil amour ne rouille pas). »

Restons un peu encore en sa compagnie. Où serait-on mieux? Et comparons cet amour consacré par toute la vie, à l'amour tel que nous l'observons dans la jeunesse.

Quand on est jeune, pourquoi s'aime-t-on? Car on a toujours quelques raisons pour s'aimer; n'est-ce pas une des choses les plus douces de se le répéter? L'amour est aveugle, dit-on. Cela signifie seulement qu'il ne regarde pas avec les yeux ordinaires. S'il ne voit pas ce que nous voyons, il voit aussi ce que nous ne voyons pas. Il regarde par des yeux intérieurs. Jeune, on se sent donc attiré l'un vers l'autre par de mystérieux pouvoirs qui nous subjuguent. Mais à côté de ce qu'on ne saurait ni exprimer, ni définir, il y a certains motifs qu'on s'avoue et que l'on reconnaît.

On s'aime pour la grâce, la force, l'avenir, la bonté du cœur, l'esprit, pour la gaîté, la fraîcheur, l'éclat profond des yeux, pour tout ce que Dieu a mis de charme dans cette fleur fragile, ornée de tous les rayons des cieux et de tous les sourires de la terre, et qu'on appelle la jeunesse.

Et l'on a raison de s'aimer et de se dire pourquoi, sans jamais se lasser.

Mais s'il nous est donné de nous aimer longtemps, le pourquoi de l'amour se modifie et la comparaison de ces deux pourquoi, celui de la jeunesse et celui de l'âge mûr ou de la vieillesse, celui qu'on se dit sous la neige des pommiers et celui qu'on se dit sous la neige des années, est pleine d'une beauté d'âme infinie.

On s'aime alors pour les souffrances passées, pour les travaux communs, pour les rides du front où est écrite notre histoire, pour les fautes pardonnées, pour tous les souvenirs heureux ou tristes. On s'aime dans ses enfants et ses petits-enfants. Et avec tout cela, on s'aime encore parce qu'on a été jeunes ensemble et parce qu'on se rappelle l'un à l'autre cette jeunesse.

J'estime que ceux qui ont ressenti cet amour, sur les sentiers changeants de la vie, ont reçu un trésor inestimable. Ils ont possédé ce qu'il y a de meilleur. Même s'ils sont pauvres, en cela ils seraient plus riches que ne peuvent nous rendre tous les autres biens, même s'ils pleurent sur des tombes, seuls désormais, je leur dirai : « Vous êtes plus heureux que ceux qui ne l'ont jamais éprouvé. » Et s'il m'était permis de formuler un souhait pour tous ceux, connus ou inconnus, qui liront ceci, je leur dirais : « Qui que tu sois, je te souhaite d'être aimé et d'aimer ainsi », et bien que nous soyons loin d'avoir toujours l'amour que nous méritons, j'ajouterais : « Rends-toi digne d'un tel amour. »

C. Wagner, *Auprès du foyer*, p. 41. (A. Colin, éditeur.)

2. — Devoirs domestiques, la famille.

La famille est une société naturelle, composée essentiellement du père, de la mère et des enfants.

La famille a dû exister dès l'origine même de l'humanité. Quelques auteurs l'ont contesté[1], mais à tort. L'enfant vient au monde, dans l'incapacité absolue de pourvoir aux besoins les plus impérieux de l'existence. Sans la mère, il périrait immédiatement. La mère elle-même, pendant les premiers jours qui suivent la crise de la maternité, est à peu près incapable d'affronter les dangers et les fatigues que supposent, au début du genre humain, la recherche de l'aliment et la conquête d'un sûr abri. La mère aurait donc à peu près infailliblement péri avec son nouveau-né, si le père n'eût été là pour la nourrir et protéger ces deux faiblesses. L'espèce humaine eût été anéantie au berceau. Mais il est difficile d'admettre qu'une fois formés par une communauté prolongée d'existence et de périls, les liens domestiques se soient tout à fait rompus, que père, mère et enfant, après les premières années de celui-ci, soient devenus entièrement étrangers les uns aux autres. Certains animaux donnent des témoignages d'affections paternelle et maternelle fort vives : veut-on que l'humanité primitive ne les ait pas connues ? Que l'amour réciproque des époux, l'amour de tous deux pour l'être qui leur doit la vie, aient été comme une invention ultérieure, une habitude lentement acquise dans le cours des générations ? Non, le cœur humain n'a pas été d'abord absolument vide de toute tendresse ; dès qu'il a commencé de battre, il a battu sous l'émotion de ces sentiments sacrés. Et si quelques voyageurs ont cru, chez quelques peuplades sauvages, constater l'absence de la famille et des affections qui la fondent et la perpétuent, nous verrons là, non l'image fidèle des premiers humains, mais la dégradation de races condamnées à bientôt périr.

1. Lucrèce, dans l'antiquité, et de nos jours M. M'Lennan. MM. Tylor et Sumner Maine ont réfuté sur ce point M. M'Lennan.

3. — Principaux types de la famille.

Mais la famille n'a pas toujours présenté dans l'histoire la même constitution. Les deux types principaux sont le type polygamique et le type monogamique.

Le premier est formé du père, de plusieurs épouses et généralement d'un assez grand nombre d'enfants. Nous ne nous y arrêterons pas. C'est un type inférieur, que les races civilisées ont depuis longtemps proscrit.

Le type monogamique est le seul qui soit réellement conforme à la dignité comme aux intérêts essentiels des différents membres de la société domestique. Dans la famille monogame, l'affection du père, concentrée sur une seule épouse et sur ses enfants, est à la fois plus vive, plus durable et plus morale. L'époux n'a plus à craindre les rivalités de femmes acharnées à se supplanter et à assurer tous les avantages à leurs propres enfants, au détriment de ceux de leurs rivales. D'autre part, la femme n'a pas à redouter la perte d'une tendresse à laquelle elle a seule un droit exclusif. Elle est l'épouse, la compagne unique du mari, la reine vénérée et incontestée du foyer. Elle travaille avec un zèle sacré à la prospérité commune, certaine que ses enfants en recueilleront tous les fruits. Enfin, les enfants eux-mêmes aiment et respectent plus un père que ne dégrade et ne compromet pas à leurs yeux le partage entre plusieurs objets de l'affection conjugale, une mère à qui personne ne dispute le cœur et la pensée de son époux. Ils ne se haïssent et ne se jalousent pas entre eux, comme ceux de la famille polygame, car ils se savent également chers à leurs parents, et nulle influence installée dans la maison même ne travaille sourdement contre leurs intérêts.

Quelques philosophes[1] ont fait valoir en faveur de la

1. Entr'autres, Herbert Spencer.

famille polygame, qu'à une certaine phase de la vie des sociétés, elle était plus favorable que l'autre à l'accroissement de la population, et c'est là un intérêt social de premier ordre. Nous ne discuterons pas cette assertion, mais nous ferons observer qu'à toutes les époques il n'y a pas d'intérêt social supérieur à l'accroissement, chez l'individu, du sentiment de la dignité personnelle, à l'épuration des sentiments, au développement des parties les plus hautes de sa nature. Or, si la famille monogame contribue dans une large mesure à ces résultats, elle l'emporte toujours, même au point de vue de l'utilité sociale, sur la famille polygame.

Les devoirs domestiques se divisent en devoirs des époux entre eux, devoirs des enfants envers les parents, devoirs des parents envers les enfants, devoirs des frères et sœurs entre eux.

4. — Devoirs des époux entre eux.

L'homme et la femme qui se proposent de constituer une famille, s'unissent par le mariage, acte solennel et grave, que la loi et les religions consacrent, et qui impose aux conjoints les plus sacrés devoirs.

Ces devoirs commencent, pour ainsi dire, avant le mariage. L'homme doit mériter la dignité d'époux et de père de famille par sa conduite, par le travail qui lui assure la position et les ressources nécessaires pour faire vivre honorablement les siens. La jeune fille doit s'y préparer, de son côté, par l'apprentissage des vertus qui feront d'elle l'orgueil et le bonheur de son époux, le charme du foyer, la mère irréprochable, la consolatrice des misères inévitables de la vie. Ces vertus sont la douceur, la modestie, la patience, la bonne humeur, le courage aussi et la résignation.

Ce qui doit déterminer le mariage, ce sont moins les

attraits extérieurs ou la richesse que la sympathie des caractères et la douce séduction qu'exercent les qualités morales. Il importe que les âges et la fortune ne présentent pas de trop fortes inégalités. Les mariages qu'on appelle mal assortis, sont rarement heureux.

Une fois contracté, le mariage impose aux époux l'obligation d'une affection réciproque, d'une confiance absolue, d'une fidélité inaltérable. On dit parfois que l'affection, la confiance, ne se commandent pas. Mais ces deux sentiments ont dû préexister au mariage, par suite, ils ne sauraient s'altérer sans qu'il y ait de la faute soit du mari, soit de la femme. Mais si l'un des époux cesse de mériter l'amour et la confiance de l'autre, ce n'est pas une raison pour que celui-ci s'arme à son tour de défiance et de haine. Une affection vraie et profonde ne meurt pas ainsi au premier mécompte ; elle s'attache avec une sorte d'opiniâtreté généreuse à son objet, même indigne, refuse de voir les torts aussi grands qu'ils sont, plaide éloquemment devant elle-même la cause du coupable, et souvent, à force d'abnégation, de tendresse, de dévouement, finit par le reconquérir tout entier.

Quant au devoir de fidélité, il n'est pas moins rigoureusement obligatoire pour le mari que pour la femme. Tous deux ont juré de l'observer, tous deux sont également parjures s'ils y manquent.

« Les époux, dit le Code civil, se doivent mutuellement fidélité, secours, assistance (art. 212).

« Le mari doit protection à sa femme, la femme doit obéissance à son mari (art. 213). »

L'autorité, en effet, appartient, de droit, à celui qui est présumé avoir le plus d'expérience, le plus de force physique et d'énergie morale. En fait, l'affection tempère l'autorité, et les époux, unis de cœur, d'intérêts, d'intentions, doivent n'avoir qu'une volonté. Les dissentiments passagers céderont sans peine à une persuasion toute pénétrée de douceur et de patience. Dans un bon ménage, la puissance maritale n'a pas à invoquer la loi : elle est obéie sans avoir à commander, parce qu'elle ne veut que le bien, le bonheur de la famille, et que dans la famille telle que la constituent l'affection et le devoir, aucun conflit sérieux ne saurait jamais se produire.

L. Carrau, *de l'Éducation* (A. Picard et Kaan, édit.)

5. — Règle fondamentale du mariage. La beauté. — Influence morale de la femme.

Souffrir et endurer, c'est la règle la plus sûre de la vie conjugale. Le mariage comme le gouvernement, n'est qu'une suite de compromis. Il faut donner et recevoir, s'abstenir et se contenir, être patient et tolérant. Sans être aveugle sur les faiblesses d'un autre, on peut du moins les supporter avec une bienveillante indulgence. De toutes les qualités, c'est la bonne humeur qui fait le plus d'usage et produit les meilleurs résultats dans la vie conjugale. Jointe à l'empire sur soi-même, la bonne humeur donne la patience — la patience de tout souffrir et de tout supporter, d'écouter sans réplique, de se contenir jusqu'à ce que l'éclair de fureur soit apaisé. Combien il est vrai en mariage « qu'une douce réponse détourne la colère ».

Il n'y a pas de personne sage qui, en se mariant, cherche uniquement la beauté. La beauté peut exercer, au premier abord, une puissante influence, mais on découvre, plus tard, qu'elle est relativement de très peu d'importance. Il ne faut pas mépriser cependant la beauté physique ; car, toutes les autres qualités étant égales, la beauté des formes et la beauté des traits sont la manifestation extérieure de la santé. Mais, épouser un joli visage sans caractère, de beaux traits auxquels le sentiment et la bonne humeur n'apportent pas le charme, c'est la plus déplorable des erreurs... La bea d'aujourd'hui devient banale demain ; tandis que la bonté, fût-elle exprimée par les traits les plus ordinaires, reste toujours charmante. De plus, ce genre de beauté s'améliore avec l'âge, et le temps la mûrit plutôt que de la détruire. Au bout de la première année, les époux s'occupent rarement de leurs traits et ne se demandent pas si leur beauté est plus ou moins classique, mais ils connaissent toujours leur humeur réciproque : « Lorsque je vois un homme, dit Addison, au visage morose et ridé, je ne peux pas m'empêcher de plaindre sa femme ; et quand, au contraire, j'en rencontre un autre à la physionomie ouverte et intelligente, je songe au bonheur de ses amis, de sa famille et de ses parents. »

Le caractère moral d'un homme est puissamment influencé par celui de sa femme. Une nature vulgaire le fera descendre avec elle jusqu'à son niveau, une nature élevée le grandira au contraire. La première ne peut que détruire ses sympathies, dissiper son courage et torturer sa vie ; tandis que la seconde, en satisfaisant ses affections, fortifie sa nature morale, et en lui donnant le repos, imprime une nouvelle énergie à son intelligence. Une femme de hauts principes élève insensiblement les vues et les inspirations de son mari ; la femme dont l'âme est basse les avilit sans s'en apercevoir. De Tocqueville était profondément pénétré de cette vérité. Il était convaincu que l'homme ne pouvait trouver dans la vie aucun soutien qui valût celui que donne une femme de bon caractère et de principes élevés. Il dit que dans le cours de son existence il a vu des hommes faibles montrer de véritables vertus publiques, parce qu'ils avaient à leurs côtés une noble femme qui les soutenait dans leur carrière et qui exerçait une salutaire influence sur leur manière d'envisager le devoir ; tandis qu'au contraire il avait rencontré plus souvent encore des hommes dont les instincts étaient grands et généreux, et qui s'étaient laissé transformer en vulgaires intrigants par le contact avec des femmes de nature mesquine, uniquement absorbées par un amour stupide du plaisir et dans l'esprit desquelles la grande pensée du devoir n'avait jamais existé.

Samuel Smiles, *Le Caractère*, trad. par Mme Deshorties de Beaulieu, (Plon, Nourrit et Cie, éditeurs), 4 fr.

CHAPITRE V

La souffrance et la mort.

SOMMAIRE. — Que le sujet du bonheur, très vaste, demanderait l'examen de beaucoup d'autres questions; pourquoi nous nous réduisons à l'hygiène, l'habitation, l'économie domestique, la souffrance et la mort. — La préface du poème de Sully-Prudhomme; le vrai bonheur n'est pas celui qu'on rêve, c'est celui qu'on fait. Mot des stoïciens : « Vis conformément à la nature ». Nos trois fonctions : ouvrier, père, citoyen; ce qui nous empêche de les bien accomplir; 1° la jeunesse du monde; 2° notre animalité. Qu'il faut connaître mieux les lois de la planète. — Objection de la souffrance et de la mort; pourquoi nous nous résignons à la mort plus aisément qu'à la souffrance. Quelle sera l'attitude de notre sage en face de la douleur physique, de la douleur morale, de la mort. Que, si nous voulions, les maladies disparaîtraient. Consolations contre la mort : l'épuratrice, l'auxiliaire du progrès; la mort vaincue; les méchants, les frivoles, causes de maux désespérants; ils retardent, mais n'empêcheront pas les progrès de l'humanité.

En approchant du terme de cette étude, le lecteur doit se rendre compte que ce sujet du bonheur, lequel embrasse la vie entière et, pour certains, va même par delà, exigerait l'examen de beaucoup d'autres questions. Si nous nous réduisons à l'hygiène, à l'habitation, à l'économie domestique, au mariage, à la souffrance et à la mort, c'est que nous ne pouvons tout dire, et, le pourrions-nous, nous ne le devons pas. Qui ne sait se borner dans les choses qui relèvent de la morale, ôte à ses paroles non pas seulement l'intérêt, mais surtout l'efficacité. Trop d'indications embrouillent l'esprit, trop de préceptes découragent ou détournent de l'effort; or, ici plus qu'ailleurs, il faut laisser faire au lecteur le plus possible. On ne saurait trop répéter que le bonheur est le fruit des plus pénibles efforts, surtout des efforts les plus soutenus; ne serait-ce point nous démentir nous-mêmes que d'épuiser la matière, que d'éviter au lecteur la peine de réfléchir, de chercher, de mériter et de conquérir?

En revanche, où nous sommes libres d'insister, c'est sur l'idée directrice de cette étude.

Dans la préface d'un très beau poème intitulé *le Bonheur*, Sully-Prudhomme dit ceci : « On serait déçu si l'on cherchait dans ce poème une solution rigoureuse des grands problèmes qui s'y posent : l'auteur y caresse seulement un rêve, un souhait que son imagination ne pouvait exaucer avec le plein consentement de la raison... Encore une fois, il ne s'est proposé que de caresser les plus nobles aspirations par une rêverie bienfaisante qui pût faire, un moment, oublier le mutisme et l'immoralité de la nature. »

Pas un instant, je n'ai voulu aborder par ce biais cette étude morale sur le bonheur. Rêveries, même « bienfaisantes », aspirations, imaginations ont été volontairement écartées. L'idéal, ce mot que certains prononcent dans un soupir et en levant les yeux au ciel, je ne crois pas l'avoir écrit une seule fois, pensant que trop souvent, il est le nom flatteur donné à notre ignorance par notre paresse ou par notre orgueil. Depuis que la science a entrepris l'inventaire de notre domaine et la conquête du monde réel, n'est-il pas manifeste que les rêveurs, les constructeurs de systèmes n'apportent plus grand' chose à l'humanité?

Aussi, n'avons-nous point dressé la carte d'un beau pays d'utopie; nous n'avons point mis sous vos yeux une Arcadie de beaux messieurs et de belles dames, une Thélème, un Eldorado où parmi des félicités inénarrables, des êtres d'élection, vêtus de soie et d'or, passeraient les heures du jour et de la nuit, à dire et à faire des choses très rares, douces, poétiques, suaves.

Nous sommes restés dans l'ordinaire, dans le terre à terre, le plus que nous avons pu. Des raffinés diront : « Le beau mystère! de cette philosophie du peuple ne pouvait sortir qu'un bonheur de petites gens! » Je puis m'abuser; mais je n'ai pas cru une minute m'occuper d'un bonheur de pacotille, à mettre avec la viande à soldats et autres produits que ces dédaigneux réservent si complaisamment au peuple.

C'est du vrai bonheur que nous avons entendu nous occuper. Si le vrai bonheur était celui qu'on trouve dans la fantaisie et dans le rêve, il y a beau temps que la terre le posséderait! Le monde a beaucoup rêvé : est-ce que cela lui a réussi? Et n'est-ce point depuis que le dormeur est éveillé, que sur ses yeux bien ouverts il a mis prosaïquement les verres grossissants du microscope, n'est-ce point depuis lors que l'humanité a la vie moins brève, moins chanceuse, moins souffrante?

Nous avons cherché le bonheur de la vie où il se trouve : ni au-dessus, ni au delà de la vie. Il est devant nous : « le bien et le mal, dit l'Écriture, sont devant l'homme, ce qu'il aura choisi lui sera donné [1]. » Placés dans une nature hostile et dans un monde mystérieux, il faut que nous ouvrions les yeux, que nous tendions toutes les forces de notre intelligence pour pénétrer l'énigme du sphinx, pour déchiffrer les lois naturelles afin de nous y plier ou de nous les asservir. Le mot des Stoïciens : « vis conformément à la nature » résume cela, il est la clef de la sagesse et du bonheur. Si notre vie est anti-naturelle, nos fonctions sont contrariées, gênées : la souffrance et la maladie surviennent, bientôt suivies de la mort [2]. Puisque nos corps sont soumis à la loi de la pesanteur, le fou seul rêvera qu'il est oiseau et sautera des tours de Notre-Dame. Les conditions que le monde actuellement nous impose

1. *Ecclésiastique*, 15, 18 et *Deutéronome*, 30, 15.

2. Dans les grandes villes où l'homme vit si peu conformément à la nature, la mortalité est grande; à Paris, par exemple, au bout de trois générations, une famille est éteinte.

sont justement celles que nous avons examinées : il nous faut nourrir notre corps, l'entretenir en santé, le vêtir et l'abriter, il nous faut perpétuer la race; tout cela peut se faire au hasard et très mal [1], ou se faire avec intelligence et calcul, très bien; que ceux qui veulent du bonheur choisissent. Et ces fonctions, ces besoins qui lui sont imposés, notons que l'homme ne s'en acquitte pas, ne les satisfait pas, comme les utopistes par leurs discours le feraient croire, comme certains âges l'ont cru, dans l'isolement; mais au milieu de la société, et grâce à la collaboration des autres hommes. D'où il résulte que nous avons à soigner le corps, à le nourrir, à le vêtir, etc., avec l'aide de nos semblables et pour les aider à notre tour. Ainsi, trois états résument actuellement la vie humaine et les fonctions du civilisé; chacun de nous est et doit être dans la société :

Ouvrier, c'est-à-dire, producteur d'utilités,
Père, c'est-à-dire, producteur d'hommes,
Citoyen, c'est-à-dire, producteur de progrès.

Ces trois fonctions, les accomplir avec un minimum d'effort et un maximum de rendement, c'est assurer son propre bonheur et le bonheur des autres. Telle est l'idée qui, d'un bout à l'autre de cette étude, est restée présente à notre esprit.

1. « On peut essayer de bien des choses excepté de vivre au hasard. » (Gœthe.)

Que cela soit très difficile, nous l'avons maintes fois répété, nous le redisons encore.

Connaître son devoir et l'accomplir, apprendre et faire son métier d'homme, nulle tâche n'est plus ardue. Quelle entreprise, que de vouloir être bon ouvrier, bon père, bon citoyen, non pas une fois en passant, mais chaque jour! Quelle entreprise, que de poursuivre la perfection et la félicité, et, comme le sage d'Epictète, de travailler non pas à faire des poèmes, mais à les vivre!

Pour nous empêcher d'y réussir, un premier obstacle est la jeunesse du monde. Les hommes sont nés d'hier, s'ignorent, ignorent la terre où ils ne font que passer; par suite, ils agissent à tâtons, font à l'aveugle leur métier : « Qui suis-je et que dois-je être? Je meurs et ne sais pas ce que c'est que de naître![1] » Nous sommes encore, nous serons longtemps les prisonniers de la caverne de Platon.

Contre nous aussi, nous avons notre animalité. Le corps nous tient, et les passions basses que nous avons en commun avec la bête, et sur quoi l'éducation est encore bien impuissante. L'intelligence n'est pas assez maîtresse, répugne aux recherches, s'accommode des traditions, paresseusement. Au lieu de nous arranger une vie d'homme, nous rêvons une existence extraordinaire et impossible : il nous faudrait trouver, dans notre berceau, richesse, santé, bonheur,

1. Lamartine, l'*Immortalité*.

tous les dons des bonnes fées; nous voudrions ne point apprendre et savoir; asservir, sacrifier nos semblables à nos caprices et être aimés d'eux; user et abuser de nos forces, rassasier nos corps de plaisirs, gaspiller les ressources de la nature, violer ses lois et néanmoins rester toujours alertes, sereins et forts! Est-ce possible?

L'unique moyen pour arriver à ce bonheur auquel tant d'hommes qui le souhaitent tournent pourtant le dos, c'est d'accepter allègrement toutes les conditions qui nous sont faites par la constitution de la planète, c'est de pénétrer à force de sagacité patiente les lois naturelles et de nous y conformer avec une ponctualité courageuse. Connaissons-les, acceptons-les, nous aurons ainsi tous les avantages dont jouissent les êtres qui se conforment à la loi qui les régit, et par surcroît, nous aurons la joie de sentir que nous sommes dans l'ordre; c'est, en définitive, en cela que consiste le vrai bonheur[1].

Ici, surgit une objection très sérieuse.

Suivez les lois de l'humanité, travaillez, soyez bon père et bon citoyen, vous n'échapperez cependant ni à la souffrance, ni à la mort.

Ces deux redoutables questions de la souffrance et de la mort, les poètes et les philosophes, depuis plus de sept mille ans qu'il y a des

1. C'est justement une de nos grandeurs, comme disait Pascal (Havet, 1, 6); les lois de l'univers, si nous y souscrivons, nous le sentons, nous le savons; l'univers n'en sait rien.

hommes qui pleurent, les ont tournées et retournées, la première toutefois plus que la seconde. Car, « nous nous arrangeons du fait terrible de la mort parce que nous le savons inévitable..., et nous acceptons d'un cœur léger ce qui est réellement, absolument inévitable, et nous ne nous faisons pas de mauvais sang à ce sujet. Cela explique la possibilité de la gaîté *in extremis*, de la bonne humeur de certains patients menés au supplice... Le candidat à la mort prend son parti de la corde elle-même quand il a la certitude qu'elle est inévitable [1] ». Sur la question de la douleur, nous sommes moins faciles parce que nous voyons ou croyons voir des gens qui traversent l'existence sans souffrir, bien portants, riches, heureux dans leurs entreprises et dans leurs affections. Ces privilégiés, auxquels tout réussit, nous font envie, et c'est pour nous assurer, et pour assurer aux nôtres un sort pareil au leur que nous cherchons procédés, secrets, recettes. N'est-ce pas, après tout, ce que l'on fait aussi en ce livre? Et cette certitude de pouvoir, tous, tant que nous sommes, parvenir au bonheur est indispensable à l'homme; sans elle, n'est-il pas à présumer que, se voyant condamné à la souffrance, il ne prolongerait point sa vie et sa misère? Cette certitude est en même temps invincible, puisque les plus invraisemblables théories, celles mêmes que l'évidence réfute, du

1. Nordau, *Paradoxes psychologiques*, p. 102.

moment qu'elles promettent le bonheur, recrutent des adeptes ; puisque les exigences les plus terribles et les plus absurdes, si ceux qui les formulent assurent qu'elles achèteront le bonheur, ne nous font pas reculer.

Nous n'avons pas à écrire ici un traité des maux et des biens, ni à échafauder un système de philosophie; nous voulons, comme dans tout ce qui a précédé, nous en tenir à ce que l'expérience nous fournit pour guider l'homme vers plus de bien-être et de bonheur. Actuellement l'homme est sujet aux misères, aux infirmités, à tous les modes si riches de la souffrance[1] et à la mort; cette sujétion est-elle compatible avec le bonheur? La question étant posée ainsi, nous n'avons même pas à parler du rôle « d'ange gardien que l'on attribue à la douleur, cet avertisseur qui nous montre le danger et nous convie à le combattre ou à le fuir[2] », cette rude

1. Musset, *Nuit d'octobre*, 218 :

C'est une dure loi, mais une loi suprême,
Vieille comme le monde et la fatalité,
Qu'il nous faut du malheur recevoir le baptême,
Et qu'à ce triste prix tout doit être acheté.
Les moissons pour mûrir ont besoin de rosée;
Pour vivre et pour sentir l'homme a besoin des pleurs.
La joie a pour symbole une plante brisée
Humide encor de pluie et couverte de fleurs.

Et Lamartine, *Hymne à la douleur :*

Tu fais l'homme, ô douleur! oui, l'homme tout entier,
Comme le creuset l'or et la flamme l'acier.

2. Nordau, *Paradoxes psychologiques*, p. 92.

maîtresse qui révèle à chacun ce que vaut son cœur, et si dans la lutte de la vie, il sera de ceux qui se défendent ou de ceux qui cèdent au premier coup.[1]

Donc pour nous tout se borne à ceci : celui qui vivrait selon nos préceptes, quelle attitude aura-t-il quand il lui faudra se mesurer 1° avec la douleur, 2° avec la mort?

D'abord pour la douleur distinguons entre la douleur physique et la douleur morale.

Pour la douleur physique que dois-je craindre? Si de mon mieux je suis les règles de l'hygiène; si mes parents les ont suivies lorsqu'ils étaient jeunes, lorsqu'ils m'ont donné l'être; si mes concitoyens les observent de leur côté, ai-je plus ou moins de chances pour me bien porter, pour échapper aux maladies? Si je suis robuste et sain, fils de parents robustes et sains, si j'habite un canton salubre, une ville aux rues larges, aux maisons sagement aménagées et qu'une municipalité, soucieuse de la santé publique, entretient avec un zèle intelligent, ai-je plus ou moins de chances pour conserver la santé? Est-ce qu'on est bien portant ou malade au petit bonheur, sans cause? est-ce que, en temps d'épidémie, ce sont les gens sains, bien nourris, précautionneux, ou les corps tarés, les festoyeurs, les boit-

1. Musset, *Nuit d'octobre*, 216 :

L'homme est un apprenti, la douleur est son maître.
Et nul ne se connaît tant qu'il n'a point souffert.

sans-soif, les imprudents, qui sont les plus exposés? Enfin dans le doit et avoir de la santé, est-ce le hasard qui établit le compte, ou bien y a-t-il une balance exacte? quiconque vit bien est-il plus menacé par la souffrance et la mort que celui qui vit mal? Toute la question est là.

Il ne manque pas de gens qui disent : « A quoi bon se soigner, se priver, se gêner? Où il y a de l'hygiène il n'y a pas de plaisir; il n'y a pas de sécurité non plus. Si l'on doit contracter une maladie, on la contracte : les précautions ne servent de rien. »

Ces grosses sottises, on ose à peine les répéter; il le faut pourtant, parce que si on ne les combat pas, ceux qui les débitent ont l'air de vous avoir réduit au silence.

On attrape les maladies d'abord si l'on y est prédisposé par un mauvais état de santé, ensuite si on passe là où elles peuvent être attrapées. Le docteur Labonne raconte[1] que dans un voyage en Islande, il lui est arrivé de traverser tout suant des torrents glacés; l'eau passée, le cavalier, rafraîchi par le bain, reprenait sa course. Placez cette scène dans nos pays où l'air est infesté de microbes, et vous verrez si après un bain pris dans ces conditions, les microbes qui travaillent dans l'angine ou ceux qui travaillent dans la pneumonie, ou ceux

1. *Comment on défend ses poumons*, Société d'éditions scientifiques.

qui travaillent dans la pleurésie n'auront pas vite fait d'atteindre notre homme, encore qu'il soit à cheval. Dans l'air pur de l'Islande, le docteur Labonne pouvait s'exposer à ces brusques refroidissements parce que, là où il n'y a pas de microbes infectieux, on n'a pas à craindre les infections. Le jour viendra, si les civilisés le veulent — et il faut qu'ils le veuillent — où l'atmosphère sera partout aussi pure qu'en Islande. Pour le moment nous connaissons de très sûrs moyens de préserver le corps contre la maladie et la douleur; la médecine, la chirurgie, la chimie, l'hygiène ont fait beaucoup, promettent plus encore; c'est grâce à elles que nous pouvons affirmer au bon ouvrier, au bon père, au bon citoyen que de jour en jour il devient plus facile à l'honnête homme de défendre son bonheur contre les attaques de la maladie et de la mort.

Contre les douleurs morales, l'honnête homme est-il aussi bien armé? Assurément. Sain de corps, de cœur et d'esprit, il paraît bien fort pour résister à leurs coups : ils l'aiguillonnent plus qu'ils ne le blessent, tandis que tous les affaiblis, tous les dégénérés que l'on appelle « névropathes, neurasthéniques, etc. », au moindre choc sont renversés; une contrariété leur est une catastrophe. Déjà très fort contre les épreuves, l'honnête homme se trouve d'autre part à l'abri de mille autres souffrances qui désolent l'humanité. Comment souffrirait-il de l'envie, de l'ambition , de la haine, de toutes les passions mauvaises qui empoisonnent l'existence de ceux qui ne veulent être ni bons ouvriers, ni bons pères, ni bons citoyens? Lui est vrai; il est probe; il est laborieux; il n'a pas de remords; il ignore les vagues et irritantes souffrances des malades d'imagination, le spleen de l'oisif; sa « désespérance» venant de ceci : qu'il conçoit la perfection et qu'il se sent si loin de l'atteindre, le remplit encore d'allégresse et de réconfort, parce qu'il sait qu'il veut le bien et que, selon ses forces, il le réalise.

Nous n'avons parlé que des douleurs qui dépendent de l'homme, en ce sens qu'il est le maître de se mal conduire et de mériter ces douleurs, ou de se bien conduire et d'y échapper. Voyons les douleurs qui lui viendront d'autrui.

Si l'homme a été bon fils, s'il a été bon mari; s'il a pris avant et pendant le mariage les précautions et les sages dispositions dont nous avons parlé; s'il a été bon père, s'il a été bon citoyen, qu'a-t-il à craindre?

Peut-il vraiment être malheureux du fait de ses parents, de sa femme, de ses enfants, de ses concitoyens? Ne voit-on pas des hommes qui dans la famille et dans la cité obtiennent des joies réelles et durables? S'il a rendu à chacun de ces groupes ce qu'il lui devait, si par amour de l'humanité il a fait le bien, si par sa vigoureuse intervention il a aidé à le faire triompher du mal, ne vous semble-t-il pas que cet honnête homme jouit d'un bonheur que rien ne saurait entamer ? Quand bien même, malgré son intelligente et courageuse application à défendre sa vie, il la verrait atteindre et meurtrir, n'aurait-il pas une consolation, que souvent nous trouvons suffisante, dans cette pensée qu'il a fait son devoir et que, s'il ne peut empêcher ses parents, sa femme, ses fils, ses concitoyens de le faire souffrir, il n'a du moins rien à se reprocher, car, à ceux dont il est la victime, il a fait tout le bien qu'il pouvait[1] ?

Avec la mort, le compte est plus terrible. L'amertume est dans ceci, que les meilleurs souvent sont le plus cruellement frappés, et que le coup est toujours irréparable.

Encore ici distinguons.

Serait-ce la pensée que dans vingt, trente ans, il faudra qu'il meure; serait-ce la menace de cette échéance, qui empoisonnera la vie de ce mortel ? Lui qui s'est appliqué à connaître le monde, ne sait-il pas d'abord que les corps organisés sont condamnés à périr, ensuite que la part de l'imprévu, de ce qu'on appelle la fatalité sera, longtemps encore, fort large dans les événements humains ? Mais, dira-t-on, il est heureux et plus la vie lui est douce, plus il tient à

1. N'est-ce point en résumé l'état d'âme de Socrate en prison ?

la voir durer. Eh bien! ne sait-il pas que son bonheur, s'il le mérite, durera la plus grande durée possible? Que nos années — sauf les accidents sont calculées par nous[1], non par le hasard; que notre part n'est point tirée à la courte-paille, que c'est un compte dûment balancé? Les malheureux du xve siècle calculaient mal la vie, ils voyaient arrêter leur compte à cinq ans de vie probable, à dix-huit ans de vie moyenne. Le xixe siècle calcule plus sagement, les chiffres sont plus gros. Mieux les humains feront leur métier d'humains, plus les chiffres grossiront. Voilà qui ôte à l'idée de la mort quelques-uns de ses aiguillons.

Enfin pour notre ami l'homme normal, qui, fils de parents sages, aura lui-même vécu à tous les âges une vie exemplaire, que sera donc la mort? Lui conserverons-nous le nom de « roi des épouvantements? » Non certes. Pour le bon ouvrier qui, depuis que sa main a pu tenir l'outil a travaillé, et qui est rassasié de jours et de labeur, c'est le repos gagné, c'est le soir d'une journée tôt commencée et bien remplie. Aussi, sa tâche accomplie, le bon ouvrier souvent ne demande, comme Moïse, qu'à s'endormir du sommeil de la terre[2].

1. « Les hommes ne meurent pas, ils se tuent. » Buffon.

2. Buffon: *de l'Homme* : « Pourquoi donc craindre la mort, si l'on a bien vécu...? Pourquoi redouter cet instant, puisqu'il est préparé par une infinité d'autres instants du même ordre, puisque la mort est aussi naturelle que la vie, et que l'une et l'autre nous arri-

Mais si sa propre mort ne l'attriste point, restera-t-il indifférent à celle de ses proches ? Cette pensée qu'à toute heure ceux qu'il aime plus que lui-même, ceux pour lesquels, prenant la vie au sérieux, il a consenti tant de sacrifices, amis, parents, femme, enfants, peuvent lui être ravis, cette pensée ne l'angoissera-t-elle pas ?

Ici nous ne devons pas vouloir être plus que des hommes, et demander l'impassibilité du stoïcien. Pour les parents âgés que nous voyons après une longue course entrer enfin dans leur repos, l'épreuve n'excède point nos forces, encore qu'elle soit très cruelle. Mais les autres, ceux qui partent trop tôt et qui cependant méritaient de rester étant indispensables et sans reproche, hélas ! que dire ? que dire ?

Rien. Ne disons rien, mais n'acceptons pas, ne nous résignons pas. Contre la mort, comme contre les autres maux de la terre, soyons les éternels révoltés ! Que ces coups, pour nous encore inévitables, soient épargnés à nos enfants, aux enfants de nos enfants, et si c'est demander trop, être trop pressés, qu'ils le soient du moins aux générations lointaines ! Ne pensons plus à

vent de la même façon sans que nous puissions nous en apercevoir ? Qu'on interroge les médecins et les ministres de l'Église, accoutumés à observer les actions des mourants et à recueillir leurs derniers sentiments ; ils conviendront qu'à l'exception d'un très petit nombre de maladies aiguës, où l'agitation causée par des mouvements convulsifs semble indiquer les souffrances du malade, dans toutes les autres, on meurt tranquillement, doucement et sans douleurs... »

nous, il est trop tard, pensons à l'avenir. Les maladies, les accidents où nos prévisions pourraient beaucoup, rendons-les impossibles, et pour les rayer de la face de la terre dépensons-nous tout entiers[1]. Si vraiment nous voulions, nous réaliserions soudain des miracles! Le temps que nous gaspillons aux vaines disputes des assemblées, l'argent que nous jetons aux armements homicides, si nous les donnions pour la défense de l'humanité! Que de maladies déjà seraient enrayées! supprimées, peut-être! Plus de phtisie, plus de choléra, plus de fièvre typhoïde... Ah! si on voulait!

Ce livre n'est écrit que pour décider les hommes à vouloir cela.

Si pourtant, contre la mort, ce sont des consolations que nous aimons à chercher plutôt que des armes, disons qu'elle est, après tout, bonne et bienfaisante; qu'elle le sera du moins aussi longtemps que de notre côté, nous ne serons pas assez bons, assez parfaits, assez « humains ». Oui, tant que les œuvres des hommes seront

1. Malgré le nombre assez considérable de victimes que la foudre fait chaque année, nous ne prenons nulle précaution même là où nous pourrions en prendre. Pour le bien public l'État est-il donc impuissant? ne devrait-il pas imposer l'obligation du paratonnerre?... Et les exemples de notre incurie sont innombrables; nous ne sommes encore que des demi-civilisés; nous ne respectons pas, nous n'aimons pas la vie; en tout cas, nous ne savons pas en tirer tout ce qu'elle nous pourrait donner; nous soupirons après un monde meilleur; pour améliorer celui que nous avons, que faisons-nous? presque rien.

perverses, tant qu'ils mettront au monde des enfants vicieux destinés à être mauvais fils, mauvais pères, mauvais ouvriers, mauvais citoyens; tant que nos villes seront peuplées d'alcooliques, de joueurs, de noceurs, de malfaiteurs; tant que nous serons cupides, hypocrites, haineux et sanguinaires, que l'humanité se défende contre l'homme par la mort! La mort délivre la terre des mauvais vivants; sur les Sodomes, il n'est pas nécessaire d'appeler les feux du ciel : l'épuratrice est là qui, sans bruit, fait sa besogne; ceux qui violent les lois de la vie, la mort ne tolère pas qu'ils vivent.

Eh! bien, vive la Mort!

L'alcoolique meurt jeune, enfante des rachitiques qui meurent plus jeunes encore que le père; cette race maudite s'éteindra; les sobres, seuls dignes de vivre, survivront. Qu'adviendrait-il, que serait-il advenu de la terre sans la mort? Ces féodaux dont nous avons parlé, ces tyrans qui détruisaient la civilisation romaine et ramenaient la barbarie, vivraient encore; Torquemada serait vivant!

N'est-ce point au contraire une consolation, quand on voit se multiplier les brouillons, les haineux, les cupides, ceux qui ne rêvent que vol, massacres, pillages, incendies, révolutions et proscriptions, de pouvoir dire : « Pour vous délivrer de ces méchants n'ayez point recours à leurs exécrables moyens; laissez faire : dans dix ans, dans vingt ans, ces ennemis de la vie ne seront plus en vie? »

C'est ainsi que la mort est l'auxiliaire du progrès. Oui, le progrès s'accomplit grâce à elle, parce qu'en dépit des apparences, et sauf des exceptions que peut-être nous interprétons fort mal, elle laisse vivre le plus longtemps ceux qui sont les plus dignes de vivre. « Outre la perpétuité de la vie, la mort assure aussi ses progrès. Par l'élimination successive des êtres, elle introduit dans leurs séries un principe d'évolution. *La mort efface, la vie corrige*, et, grâce à cette collaboration continue, l'œuvre s'améliore avec le temps. Que serait l'état du monde, si les premiers êtres vivants qui ont occupé sa surface avaient dû ne jamais périr?

« La mort, critique impitoyable, a rejeté les ébauches imparfaites, brisé le moule défectueux des espèces disparues, et amené la vie à réaliser, par une suite de retouches, des types supérieurs. Que serait l'humanité même, si les premiers êtres humains, à peine distincts des singes anthropoïdes, avaient perpétué sur le globe leur immortelle bestialité? Grande purificatrice, la mort supprime, avec chaque génération, *une part de ses insuffisances et de ses misères.* A des êtres que leurs aptitudes restreintes, vite lassées ou épuisées, rendraient réfractaires au progrès, elle substitue, dès qu'ils ont accompli leur tâche, des êtres jeunes, ardents, perfectibles, qui, se relayant sans cesse, portent toujours plus avant la civilisation de l'espèce.

« Quelle apologie la mort, si on la personnifiait, pourrait faire d'elle-même et de sa mission dans l'univers! — Je ne suis pas, serait-elle fondée à nous dire, cette puissance néfaste que vous redoutez faute de la bien connaître; je suis la vie même que vous aimez, car je ne détruis que pour faire vivre. Si vous avez pu venir à l'être, c'est à moi que vous le devez. Pour vous faire place un moment, j'ai retranché une à une toutes les générations antérieures. Je vous ai préparé de loin les conditions de vie dont vous jouissez, et chaque jour, je vous conserve, en sacrifiant les êtres dont la mort vous permet de subsister. Vous avez bénéficié des avantages de mon ordre, supportez-en aussi les charges. Lorsque, bientôt, je vous ôterai la vie, ce sera moins pour vous en priver que pour la donner à d'autres, dignes de la posséder à leur tour. Sans mon assistance, au lieu du splendide théâtre où se déploie la fécondité de la nature, il n'y aurait que le morne empire de la permanence dans l'uniformité, c'est-à-dire un mode d'existence à peine distinct du néant ».[1]

De la mort, on pourrait donc faire aussi comme une mesure du progrès. Dans les âges de bestialité et d'ignorance, l'humanité se défend mal contre la mort; par la suite elle se dé-

1. Bourdeau, *Le Problème de la mort*, p. 316, (F. Alcan, édit.)

fend mieux; la comparaison entre les chiffres déjà cités de la vie moyenne et de la vie probable au XVᵉ siècle et au XIXᵉ en est une preuve convaincante. Et ce progrès continuant, la planète devenant de mieux en mieux accommodée aux besoins de notre espèce, le genre humain se différenciant de plus en plus par ses vertus propres des espèces animales, les hommes connaissant enfin leurs devoirs et les accomplissant avec une ponctualité irréprochable; le mal éliminé d'une société où tous seraient bons ouvriers, bons pères et bons citoyens, le bien protégeant la vie et la prolongeant, que deviendra la mort? Où sera sa place? ce dernier ennemi de l'homme ne sera-t-il pas alors vaincu[1]? Dans un travail où nous nous sommes interdit les conceptions chimériques, ce rêve, qui est pour ainsi dire conditionné par tout le développement, peut, semble-t-il nous être permis. Alors, vivre et être heureux seraient une seule et même chose, et l'immortalité et la béatitude seraient la dernière et la plus haute des conquêtes de l'humanité.

Revenons au présent.

Pour celui qui, en suivant nos conseils, aurait embelli, épuré, ennobli son existence, il resterait encore de sérieux motifs de trembler et de ne pas compter plus qu'il ne faut sur le bonheur. Cet édifice si péniblement élevé par les efforts

1. Saint-Paul, *Cor.* 1, 26 : « L'ennemi qui sera détruit le dernier, c'est la mort ». Voir Finot, *Philos. de la longévité* (Reinwald, édit.).

de ce sage, qu'il suffit de peu pour le ruiner ! Un méchant, un frivole qui mettent leur plaisir à nuire ou seulement refusent de se gêner pour les autres ont bientôt fait de briser le cœur de l'homme de bien.

Par exemple, j'ai élevé mon fils dans la religion du devoir et de l'amour ; à la maison, à l'atelier, à la ferme, au régiment, partout il a été irréprochable : il fait ma joie et mon orgueil. Dans la compagnie de chemin de fer où il est employé maintenant, depuis ses camarades jusqu'aux ingénieurs, tous savent qu'on peut compter sur lui ; quels que soient les efforts qu'on exige, nul ne craint que par négligence ou par maladresse il laisse jamais se produire de ces accidents où des centaines de voyageurs perdent la vie.

Mais précisément un de ces voyageurs sur lesquels mon enfant veille, un ivrogne qui ne saurait aller d'une station à la station prochaine sans emporter un litre et le vider, un égoïste qui n'aime pas à se gêner, lance sa bouteille par la portière, sans regarder — regarde-t-il jamais, n'a-t-il pas l'habitude d'agir comme s'il était seul au monde — et me tue mon enfant !

Que de braves garçons, que de braves filles qui auraient mérité de vivre longtemps et dont l'existence eût été un bien pour la communauté, finissent tôt et mal, n'ayant commis nulle faute, ayant eu seulement le malheur de se trouver sur le chemin d'un méchant ou dans le voisinage d'un débauché !

Les tremblements de terre, les inondations, les cataclysmes naturels ne sont rien ; l'homme aurait vite fait d'assurer son bonheur contre les risques de la nature. La menace la plus redoutable pour la félicité du genre humain, l'obstacle qu'on renverse et qui se redresse, c'est le mauvais vouloir et la perversité du plus grand nombre. Car ces hommes qui font du mal aux hommes sont légion ! Qui pourrait dénombrer et ceux qui jettent dans les rues la peau de l'orange, l'écorce du melon qu'ils ont mangés, les tessons du verre qu'ils viennent de briser... et ceux qui crachent partout, semant la maladie dont ils auraient pu, avec quelques précautions, détruire les germes... et ceux qui ne déclarent point les maladies contagieuses pour n'avoir pas à désinfecter leur logis... et ceux qui aiment les vilaines chansons et les braillent sans s'inquiéter des oreilles où tombent ces ordures... et ceux qui aiment les mauvaises gravures et veulent que les villes en soient tapissées... et ceux qui afin de s'enrichir plus vite falsifient les denrées... et ceux qui mentent, et ceux qui calomnient... Que de manières d'être homicide ! d'être pour l'homme, un *loup*, comme dit Hobbes, c'est-à-dire de n'être point un homme ! Et cependant, malgré leur nombre, ces faux humains que peuvent-ils ? Leur impuissance fait notre espoir, puisque l'imperceptible poignée des hommes de cœur triomphe des gros bataillons malfaisants, assure le progrès, réalise péniblement mais sûrement le bonheur de l'humanité.

Cette petite troupe, si tout d'un coup elle grandissait, si elle devenait à son tour une armée, quelle révolution dans le monde ! quel soudain épanouissement de bonheur !

Mais cette multiplication instantanée des bons, que nos souhaits appellent, serait un miracle : et la nature n'admet que de lentes transformations. Donc pour rentrer dans les conditions normales des événements terrestres, je dois borner mes vœux, et souhaiter simplement d'avoir aidé à l'évolution progressive et lente de la société vers plus de vertu et de bonheur. Et même je me croirais comblé si les lecteurs de ce petit livre, si les quelques jeunes gens pour qui il a été pensé, parlé, écrit, se laissaient gagner, s'enrôlaient tous dans cette phalange sacrée !

LECTURES

1. — De la douleur.

Je suis charmé que vous défendiez si vivement la douleur physique : c'est signe que vous vous portez bien. J'en sais qui l'ont louée autrefois, qui maintenant sont brouillés avec elle. Je vous confierai que sur ce point, je ne vais pas jusqu'à l'enthousiasme et me contente de la résignation ; il me suffit de croire que dans nos natures imparfaites, le plaisir ne peut pas aller sans la douleur, et que cette admirable machine du corps humain ne pouvait pas être ce qu'elle est sans être si misérablement délicate et fragile.

On répète que la douleur est nécessaire pour nous pousser à agir, à faire ce que la nature demande ; je ne suis pas convaincu de cette nécessité, on oublie quelque chose qui remplit exactement ce rôle : j'entends le plaisir prévenant. Pourquoi vouloir absolument la faim ? Ne suffit-il pas de l'appétit ? Et n'y a-t-il pas un appétit universel de vivre ? En réalité, il y en a autant qu'il y a de forces qui se sentent et qui désirent s'exercer, et le désir est une jouissance anticipée, jouissance physique, intellectuelle et morale, de tous les instincts, de tout l'être, le grand moteur, l'âme du monde. Sous l'impulsion de ce désir, l'individu s'entretient, les sociétés animales se forment, et chez l'homme, qui aspire à plus encore, les savants travaillent, les âmes qui sont nées pour aimer cherchent quelqu'un à qui elles se dévouent, et, quand elles l'ont trouvé, sont pleinement heureuses. Entre ces deux avertissements du danger qui menace, pourquoi préférer celui qui est rigoureux. Il y a là un préjugé, comme celui de nos pères qui ne croyaient à la bonté d'une médecine que si elle était désagréable au goût. La douleur, c'est la médecine noire.

Cette sentinelle vigilante, comme on l'appelle, a des défaillances : il y a des dangers qu'elle ne voit pas et qui arrivent sur nous sans qu'elle crie, certains désordres qui se produisent dans notre corps sans qu'elle nous avertisse : telles sont la cécité, la surdité accidentelles, la paralysie qui n'est qu'une gêne physique, mais un grand chagrin par l'idée de l'impuissance où l'on est réduit. D'autres désordres sont d'eux-mêmes assez visibles, où la douleur ne nous sert de rien. Il y a enfin des affections physiques, comme les affections nerveuses, où le mal n'est que la douleur même.

Et ce n'est pas vrai seulement dans ce cas. On lui est reconnaissant de ce qu'elle nous pousse à agir, à chercher ce qui est ami, à fuir ce qui est ennemi, combien de fois l'ennemi, c'est elle ! On souffre dans son corps de mille manières ; est-ce cela qui est bon? On ne trouve pas la vérité qu'on cherche, on finit même par croire qu'elle n'existe pas ; est-ce cela qui est bon? On perd ceux qu'on aime et on retombe sur soi-même, accablé ; est-ce cela qui est bon? La douleur ne nous pousse pas à agir; elle nous empêche d'agir, elle absorbe, dans le combat qu'il faut lui livrer, les forces qui serviraient à d'admirables ouvrages. Est-ce vivre, de se consumer dans le regret de pertes irréparables? Et quand la santé est irréparable, quand on emploie toute son énergie à subsister quelques jours ou quelques années de plus, est-ce vivre de ne vivre que pour durer?

La douleur est le désir contrarié, le mouvement arrêté, la vie paralysée ; pourquoi la vantez-vous et dites-vous que c'est elle qui fait vivre? Si nous n'étions que par elle, il faudrait plaindre ceux qui mènent une existence heureuse par la faveur de la destinée. Pourtant, loin de les plaindre, nous les envions. Nous admirons Pascal disant : « La maladie est l'état naturel des chrétiens », par un défi au mal qui le tourmente et le tue ; mais au risque d'être un peu païens, nous répétons avec Mme de Sévigné : « C'est un vrai bien que la santé : on en fait tout ce qu'on veut. » De même, travailler et prospérer, élever d'honnêtes enfants, vieillir sans deuils, entouré de l'affection des siens, de ses amis, de l'estime de tous, bien servir son pays, s'éteindre doucement avec une bonne conscience : qui donc n'a rêvé cela et le refuserait s'il lui était offert?

Toutes les ressources du génie humain se déploient dans le duel contre la douleur. L'un supporte parce qu'il n'y a pas moyen de ne pas souffrir, que c'est la condition humaine et sa condition. Un autre s'ingénie à écarter toutes les causes de souffrances. Un autre nie la douleur, argumente contre elle et lui démontre qu'elle n'existe pas. Un autre, possédé par quelque grand sentiment, ne la sent même plus. Un autre avoue qu'elle existe et la sent ; il se borne à essayer de s'en distraire. Un autre tâche de s'y habituer, de se familiariser avec elle, et pour ainsi dire de l'apprivoiser. Un autre se souvient qu'il est homme et la supporte avec constance. Un autre la regarde comme un châtiment et l'accepte. Un autre la regarde comme une épreuve et la subit. Un autre y voit la main de Dieu qui l'afflige pour le récompenser plus tard ; il bénit la douleur, il l'appelle et il l'aime. C'est l'héroïsme où tout le monde ne vise pas et n'atteint pas. Cependant la médecine travaille. Elle ne demanderait pas mieux que de guérir la maladie, et comme elle n'y réussit pas toujours, elle se rabat à calmer la douleur et la calme pour un temps ; grâce à elle, le chloroforme et l'opium ont remplacé la philosophie...

La vérité est que la douleur est simplement un fait inévitable, qu'étant données les lois de l'organisme et de la vie, et nos facultés, et leurs bornes et leurs aspirations infinies, le plaisir et la douleur suivent fatalement ; la vérité est aussi qu'une fois devant le mal, l'homme s'y comporte en homme, qu'il déploie là toute son industrie et toute sa fierté ; il souffre parce qu'il est un animal, mais comme il est autre chose, il souffre d'une façon qui n'est qu'à lui. Voilà ce qui me paraît. Je demande seulement qu'on ne dise pas que la douleur a été faite pour l'usage que l'homme en fait, qu'elle a été créée pour lui, à son profit.

BERSOT, *Un moraliste.* (Hachette et Cie, éditeurs.)

2. — Qu'il importe de se familiariser d'avance avec l'idée de la mort.

C'est une étrange faiblesse de l'esprit humain que jamais la mort ne lui soit présente, quoiqu'elle se mette en vue de tous côtés, et en mille formes diverses. On n'entend dans les funérailles que des paroles d'étonnement, de ce que ce mortel est mort. Chacun rappelle en son souvenir depuis quel temps il lui a parlé, et de quoi le défunt l'a entretenu ; et tout d'un coup il est mort. Voilà, dit-on, ce que c'est que l'homme ! Et celui qui le dit, c'est un homme ; et cet homme ne s'applique rien, oublieux de sa destinée, ou s'il passe dans son esprit quelque désir volage de s'y préparer, il dissipe bientôt ces noires idées ; et je puis dire que les mortels n'ont pas moins de soin d'ensevelir les pensées de la mort, que d'enterrer les morts mêmes.....

. . . .

... Cette verte jeunesse ne durera pas ; cette heure fatale viendra qui tranchera toutes les espérances trompeuses par une irrévocable sentence ; la vie nous manquera, comme un faux ami, au milieu de nos entreprises. Là, tous nos beaux desseins tomberont par terre ; là, s'évanouiront toutes nos pensées... La mort entraînera avec elle tous nos plaisirs, et tous nos honneurs dans l'oubli et dans le néant. Hélas ! on ne parle que de passer le temps : le temps passe en effet, et nous passons avec lui...

(*Extraits de* Bossuet).

3. — Le Sage doit être toujours prêt à mourir.

La Mort et le Mourant.

La Mort ne surprend point le sage :
Il est toujours prêt à partir,
S'étant su lui-même avertir
Du temps où l'on se doit résoudre à ce passage.
Ce temps, hélas ! embrasse tous les temps :
Qu'on le partage en jours, en heures, en moments ;
Il n'en est point qu'il ne comprenne
Dans le fatal tribut ; tous sont de son domaine ;
Et le premier instant où les enfants des rois
Ouvrent les yeux à la lumière
Est celui qui vient quelquefois
Fermer pour toujours leur paupière.
Défendez-vous par la grandeur,
Alléguez la beauté, la vertu, la jeunesse ;
La Mort ravit tout sans pudeur :
Un jour le monde entier accroîtra sa richesse.
Il n'est rien de moins ignoré ;
Et, puisqu'il faut que je le die,
Rien où l'on soit moins préparé.
Un mourant, qui comptait plus de cent ans de vie,
Se plaignait à la Mort que précipitamment
Elle le contraignait de partir tout à l'heure,
Sans qu'il eût fait son testament,

Sans l'avertir au moins. Est-il juste qu'on meure
Au pied levé ? dit-il : attendez quelque peu ;
Ma femme ne veut pas que je parte sans elle ;
Il me reste à pourvoir un arrière-neveu ;
Souffrez qu'à mon logis j'ajoute encore une aile.
Que vous êtes pressante, ô déesse cruelle !
Vieillard, lui dit la Mort, je ne t'ai point surpris ;
Tu te plains sans raison de mon impatience :
Eh, n'as-tu pas cent ans ? Trouve-moi dans Paris
Deux mortels aussi vieux ; trouve-m'en dix en [France.
Je devais, ce dis-tu, te donner quelque avis
Qui te disposât à la chose :
J'aurais trouvé ton testament tout fait,
Ton petit-fils pourvu, ton bâtiment parfait.
Ne te donna-t-on pas des avis, quand la cause
Du marcher et du mouvement,
Quand les esprits, le sentiment,
Quand tout faillit en toi ? Plus de goût, plus d'ouïe ;
Toute chose pour toi semble être évanouie ;
Pour toi l'astre du jour prend des soins superflus :
Tu regrettes des biens qui ne te touchent plus.
Je t'ai fait voir tes camarades,
Ou morts, ou mourants, ou malades :
Qu'est-ce que tout cela, qu'un avertissement ?
Allons, vieillard, et sans réplique.
Il n'importe à la république
Que tu fasses ton testament.

La Mort avait raison : Je voudrais qu'à cet âge
On sortît de la vie ainsi que d'un banquet,
Remerciant son hôte, et qu'on fît son paquet :
Car de combien peut-on retarder le voyage ?
Tu murmures, vieillard ! Vois ces jeunes mourir,
Vois-les marcher, vois-les courir

A des morts, il est vrai, glorieuses et belles,
Mais sûres cependant, et quelquefois cruelles.
J'ai beau te le crier; mon zèle est indiscret:
Le plus semblable aux morts meurt le plus à regret.

LA FONTAINE.

4. — L'idée de la mort aux différents âges de la vie.

L'idée de la mort est lente à naître. Aux premiers jours de la vie, ce mot est vide de sens. Pour l'enfant, tout est fleuri, naissant, créé d'hier; pour le jeune homme, tout est force, jeunesse, surabondante vie; à la vérité, quelques êtres disparaissent de la vie, mais ils ne meurent pas.

Mourir! c'est-à-dire perdre à jamais la joie! perdre la riante vue des campagnes, du ciel! perdre cette pensée elle-même, toute peuplée de brillants espoirs, d'illusions si présentes et si vives! Mourir! c'est-à-dire voir ses membres où la vigueur abonde, que la vie réchauffe, qu'un sang vermeil colore, les voir s'affaiblir, se glacer, se dissoudre au sein d'une affreuse pâleur. Pénétrer sous cette terre, soulever ce linceul, entrevoir ces chairs ravagées, cette poussière d'ossements... le vieillard connaît ces images, il les écarte, mais au jeune homme, elles ne se présentent pas même.

Il perd celle qu'il aime, il sait qu'il ne doit plus la revoir, il rencontre son convoi; il la sait là, sous ce bois, sous cette terre... mais c'est elle encore, point changée, toujours belle, pure, charmante de son pudique sourire, de son regard timide, de son émouvante voix. — Il perd celle qu'il aime; son cœur se serre ou s'épand en bouillants sanglots, il cherche, il appelle celle qui lui fut ravie; il lui parle, et, donnant à cette ombre sa propre vie, son propre amour, il la voit présente... c'est elle encore, point changée, toujours belle et pure, charmante de son pudique sourire, de son regard timide, de son émouvante voix. — Il perd celle qu'il aime; mais il s'en sépare; elle est en quelque lieu, et ce lieu est embelli de sa présence; il est :

Honoré par ses pas, éclairé par ses yeux.

Tout y est beauté, tendresse, lumière douce, chaste mystère. Et pourtant en ce lieu où elle est, la nuit, le froid, l'humide, la mort et ses immondes satellites, sont à l'œuvre.

L'idée de la mort est lente à naître; mais, une fois qu'elle a pénétré dans l'esprit de l'homme, elle n'en sort plus. Jadis son avenir était la vie; maintenant de tous ses projets la mort est le terme. Ainsi, dès lors, elle intervient à tous ses actes : il songe à elle, lorsqu'il remplit ses greniers, il la consulte lorsqu'il acquiert ses domaines, elle est présente quand il passe ses baux, il s'enferme avec elle dans un cabinet pour tester, et elle signe au bas avec lui.

TŒPFFER, *Nouvelles génevoises, La Bibliothèque de mon oncle.*

5. — Une vie bien remplie nous exempte de la crainte de la mort.

Pourquoi, plus la vie est remplie, moins on y est attaché? Si cela est vrai, c'est qu'une vie occupée est communément une vie innocente; c'est qu'on pense moins à la mort et qu'on la craint moins; c'est que, sans s'en apercevoir, on se résigne au sort commun des êtres qu'on voit sans cesse mourir et renaître autour de soi; c'est qu'après avoir satisfait, pendant un certain nombre d'années, à des ouvrages que la nature ramène tous les ans, on s'en détache, on s'en lasse; les forces se perdent, on s'affaiblit, on désire la fin de la vie, comme après avoir bien travaillé on désire la fin de la journée; c'est qu'en vivant dans l'état de nature on ne se révolte pas contre les ordres qu'on voit s'exécuter si nécessairement et si universellement; c'est qu'après avoir fouillé la terre tant de fois on a moins de répugnance à y descendre; c'est qu'après avoir sommeillé tant de fois sur la surface de la terre on est plus disposé à sommeiller un peu au-dessous; c'est, pour revenir à une des idées précédentes, qu'il n'y a personne parmi nous qui, après avoir beaucoup fatigué, n'ait désiré son lit, n'ait vu approcher le moment de se coucher avec un plaisir extrême; c'est que la vie n'est, pour certaines personnes, qu'un long jour de fatigue, et la mort qu'un long sommeil, et le cercueil qu'un lit de repos, et la terre qu'un oreiller où il est doux à la fin d'aller mettre sa tête pour ne la plus relever. Je vous avoue que la mort, considérée dans ce point de vue, et après les longues traverses que j'ai essuyées, m'est on ne peut pas plus agréable. Je veux m'accoutumer de plus en plus à la voir ainsi.

DIDEROT, *Lettres à Mlle Volland* (23 septembre 1762).

6. — Que la Mort est la grande libératrice.

Oh! qu'ils s'aveuglent sur leur misère ceux qui ne bénissent pas la mort comme la plus belle institution de la nature! Soit qu'elle termine une destinée jusque-là heureuse; soit qu'elle prévienne l'infortune; soit qu'elle éteigne le vieillard rassasié de vie ou las d'une trop longue course; soit qu'elle tranche la fleur de nos ans et l'espérance de jours meilleurs; soit qu'elle rappelle l'enfance avant qu'elle se heurte aux écueils qui l'attendent, la mort est un terme pour tous les hommes, un remède pour beaucoup, le vœu même de quelques-uns, et elle ne mérite jamais mieux de nous, que lorsqu'elle n'attend pas qu'on l'invoque. Elle affranchit l'esclave en dépit du maître, brise la chaîne du captif, et fait tomber les inflexibles verrous que tient fermés la tyrannie. Elle montre à l'exilé, dont les regards et la pensée sont incessamment tournés vers la patrie qu'il importe peu à quelles cendres se mêleront les nôtres. Si la fortune a iniquement réparti des biens qui de droit sont communs à tous ; si, de deux êtres nés égaux, elle a livré l'un en propriété à l'autre, la mort ramène entre eux l'égalité. Seule, la mort ne fait rien d'après le caprice d'autrui : on n'y sent point la bassesse de son état, on n'y a pas de maître à servir.

. . . .

Hors de cette vie, assurez-vous-en bien, on n'éprouve plus de mal, et les effrayants récits qui se font des enfers sont de pures fables. Les morts n'ont à craindre ni ténébreuses prisons, ni lacs de feu, ni fleuve d'oubli ; et dans ce séjour d'indépendance il n'y a ni tribunaux, ni accusés, ni nouveaux tyrans : ce sont là jeux de poètes, qui nous ont agités de vaines terreurs.

La mort est la délivrance, la fin de toutes nos douleurs, la limite où le malheur s'arrête ; elle nous replonge dans le tranquille repos où nous étions ensevelis avant de naître. Vous pleurez les morts, pleurez donc aussi ceux qui ne sont pas nés. La mort n'est ni un bien ni un mal. Pour qu'une chose soit l'un ou l'autre, il faut qu'elle soit d'une manière quelconque ; mais ce qui n'est en soi que néant, ce en quoi tout s'anéantit, ne nous livre à aucun état. Le bien comme le mal supposent toujours quelque élément, une sphère d'action. L'affranchi de la nature ne peut plus rester dans les liens du sort, et celui qui n'est pas, ne saurait être malheureux...

. . . .

Sénèque le Philosophe (*Consolations à Marcia*). Traduction J. Baillard (Garnier frères, édit.).

7. — Ce sont les horreurs dont on a environné la mort qui la rendent si amère.

Qu'il me soit permis un moment de dire comment je voudrais être regretté. J'expliquerai ainsi comment je trouve beau de l'être.

Je voudrais que mon souvenir ne se présentât jamais à mes amis sans amener une larme d'attendrissement sous leurs paupières et le sourire sur leurs lèvres. Je voudrais qu'ils pussent penser à moi, au sein de leurs plus vives joies, sans qu'elles en fussent troublées, et qu'à table même, au milieu de leurs festins, et en se réjouissant avec des étrangers, ils fissent quelque mention de moi, en comptant parmi leurs plaisirs, le plaisir de m'avoir aimé et d'avoir été aimés de moi. Je voudrais avoir eu assez de bonheur et assez de bonnes qualités pour qu'il leur plût de citer souvent, à leurs nouveaux amis, quelque trait de ma bonne humeur, ou de mon bon sens, ou de mon bon cœur, ou de ma bonne volonté, et que ces citations rendissent tous les cœurs plus gais, mieux disposés et plus contents. Je voudrais que, jusqu'à la fin, ils se souvinssent ainsi de moi, qu'ils fussent heureux, et qu'ils eussent une longue vie, pour s'en souvenir plus longtemps. Je voudrais avoir un tombeau où ils pussent venir en troupe, dans un beau temps, dans un beau jour, pour parler ensemble de moi, avec quelque tristesse, s'ils voulaient, mais avec une tristesse douce, et qui n'excluât pas toute joie. Je voudrais surtout, et j'ordonnerais si je le pouvais que, pendant cette tendre cérémonie, pendant l'aller et le retour, il n'y eût, dans les sentiments et dans les contenances, rien de lugubre et rien de repoussant, en sorte qu'ils offrissent un spectacle qu'on fût bien aise d'avoir vu. Je voudrais, en un mot, exciter des regrets tels que ceux qui seraient témoins ne craignissent ni de les éprouver, ni de les inspirer eux-mêmes. C'est l'image des regrets affreux que l'on doit laisser après soi qui rend en partie la mort si amère; ce sont les horreurs dont on a environné la mort qui rendent, à leur tour, les regrets des survivants si terribles. Ces deux causes agissent perpétuellement l'une sur l'autre, et bouleversent les âmes dans leurs sentiments les plus louables et les plus inévitables. Nos passions ont fait de notre dernière heure un sujet de désespoir et d'effroi, un moment haï, d'où la prévoyance et le souvenir se détournent également. Nos institutions et nos coutumes en ont fait, à leur tour, un événement dont on se hâte d'oublier, le plus vite qu'on peut, l'épouvantable appareil. Au lieu de nous accoutumer dès l'enfance, par la pensée et par les sens, à ne regarder cette séparation que comme le moment du départ pour un voyage sans retour, voyage que nous ferons un jour nous-mêmes, on n'a rien oublié de ce qui était propre à en faire un objet d'horreur. On nous l'a fait considérer comme un châtiment, comme le coup porté par un exécuteur tout-puissant, comme un supplice, enfin; et nos amis, nos proches, quand nous avons cessé de vivre, quittent notre lit de repos comme ils quitteraient l'échafaud où l'on nous aurait mis à mort.

J. Joubert, *Lettres*; à Mlle Moreau de Bussay, 16 janvier 1793.

8. — Dernières paroles d'un sage injustement condamné à mort.

En vérité, Athéniens, par trop d'impatience et de précipitation, vous allez vous charger d'un grand méfait, et donner lieu à vos envieux d'accuser la république d'avoir fait mourir Socrate, cet homme sage ; car, pour aggraver votre honte, ils m'appelleront sage, quoique je ne le sois point. Au lieu que, si vous aviez attendu encore un peu de temps, ma mort venait d'elle-même, et vous auriez eu ce que vous demandez ; car vous savez qu'à mon âge on est bien près de la mort. Je ne dis pas cela pour tous mes juges, mais seulement pour ceux qui m'ont condamné, et c'est à ceux-là que je m'adresse encore. Pensez-vous donc que j'aurais été condamné, si j'avais cru devoir tout faire et tout employer pour me tirer de vos mains, et croyez-vous que j'aurais manqué de paroles touchantes et persuasives ? Ce ne sont pas les paroles qui m'ont manqué, Athéniens, c'est l'impudence, c'est l'envie de vous faire plaisir en vous disant les choses que vous aimez tant à entendre.

Ç'aurait été sans doute, une grande satisfaction pour vous, de me voir me lamenter, soupirer, pleurer, prier, et faire toutes les autres bassesses que vous voyez faire tous les jours aux accusés. Moi-même dans ce danger je n'ai pas cru devoir m'abaisser à une chose si lâche et si honteuse, et après votre arrêt je ne me repens pas de n'avoir pas commis cette indignité, car j'aime beaucoup mieux mourir après m'être défendu comme j'ai fait, que de vivre pour vous avoir suppliés. Ni en justice, ni à la guerre, un honnête homme ne doit se défendre par toute espèce de moyens. Il arrive souvent dans les combats qu'on peut très facilement sauver sa vie en jetant ses armes et en demandant quartier à son ennemi ; il en est de même dans les autres périls : on trouve mille expédients pour éviter la mort, quand on est capable de tout dire et de tout faire. Eh ! ce n'est pas là ce qui est difficile, Athéniens, que d'éviter la mort ; mais il l'est beaucoup plus d'éviter la honte ; elle vient plus rapidement que la mort. C'est pourquoi, dans la circonstance présente, appesanti par l'âge comme je le suis, j'ai été surpris par la plus lente ; et mes accusateurs, gens agiles et robustes, ont été atteints par celle qui marche le plus légèrement, par l'infamie. Je m'en vais donc être livré à la mort par votre ordre ; et ceux-là vont être livrés à l'infamie par la force de la vérité. Pour moi, je suis content du sort qui m'est fait ; ils le sont aussi du leur. C'est ainsi que cela devait être, et le partage ne pouvait être mieux fait.

Mais si la mort est un passage de ce lieu dans un autre, et que ce qu'on dit soit véritable, que là-bas est le rendez-vous de tous ceux qui ont vécu, quel plus grand bien peut-on imaginer, mes juges ? Car, si en quittant ceux qui contrefont ici les juges, on trouve dans les enfers les véritables juges, qui y rendent, dit-on, la justice : Minos, Rhadamanthe, Eaque, Triptolème et tous les autres demi-dieux qui ont été justes pendant leur vie, ce changement n'est-il pas heureux ? A quel prix n'achèteriez-vous pas le bonheur de vous entretenir avec Orphée, Musée, Hésiode, Homère ? Pour moi, si cela est véritable, je mourrais volontiers, mille fois...

C'est pourquoi, mes juges, vous ne devez avoir que des espérances en la mort, persuadés de cette vérité qu'il n'y a aucun mal pour l'homme de bien, ni pendant cette vie, ni après sa mort, et que les dieux ont toujours soin de tout ce qui le regarde ; car ce qui m'arrive présentement n'est point l'effet du hasard, et je suis très convaincu que le mieux est pour moi de mourir dès à présent, et d'être délivré de tous les soucis de la vie...

Je n'ai donc aucun ressentiment contre mes accusateurs, ni contre ceux qui m'ont condamné, quoique leur intention n'ait pas été de me faire du bien, et qu'ils n'aient cherché qu'à me nuire : en quoi j'aurais peut-être quelque sujet à me plaindre d'eux. Mais je leur demanderai une seule grâce : je vous prie, lorsque mes enfants seront grands, de les tourmenter comme je vous ai tourmentés vous-mêmes, si vous voyez qu'ils préfèrent les richesses à la vertu, et qu'ils se croient quelque chose, quoiqu'ils ne soient rien : ne manquez pas de leur faire honte de ce qu'ils ne s'appliquent point aux choses qui méritent tous les soins, et de ce qu'ils croient être ce qu'ils ne sont point ; car c'est ainsi que j'en ai usé envers vous. Si vous m'accordez cette grâce, moi et mes enfants nous n'aurons qu'à nous louer de votre justice. Mais il est temps que nous nous retirions chacun de notre côté, moi pour mourir, et vous pour vivre. Qui de vous ou de moi tient la meilleure part ? C'est ce qui n'est connu de personne, excepté de la divinité.

Platon, *Apologie de Socrate*, 29, *Pages choisies de Platon.* (A. Picard et Kaan, éditeurs.)

CONCLUSION.

Sommaire. — La thèse de M. Izoulet : la raison, fille de la cité. Que le bonheur sera fils de la planète. L'unité royale a été un progrès, la vapeur et l'électricité ont augmenté le bonheur des hommes. Bienfaits de l'expansion coloniale. Quel sera le berceau du bonheur. L'hôtel de Rambouillet. Les Universités populaires et le Palais du Peuple.

Dans une thèse fort belle, un philosophe expliquait naguère comment sur la terre est apparue la force humaine par excellence, l'instrument du progrès, « *la raison* ». M. Izoulet démontrait que, née du groupement des hommes, de l'association, laquelle par la division du travail a permis les loisirs favorables à la réflexion, la raison est *fille de la cité*. Nous n'aurions pas donné au bonheur tout son prix, ni à la poursuite du bonheur sa haute portée morale, si nous n'ajoutions pas que lui aussi naît du rapprochement, de l'entente et de l'harmonie de la famille humaine. Mais si pour le premier enfantement la cité a suffi, il faut cette fois un embrassement plus vaste : le bonheur naîtra de l'unanime accord de la terre entière; il sera *fils de la planète*.

En effet, on le comprend bien : tant que, à côté des hommes de bonne volonté qui se donnent de tout cœur à l'accomplissement de leurs devoirs, il reste d'autres hommes qui méconnaissent ces devoirs et se complaisent dans le désordre, le bonheur ne peut être qu'un bien précaire : les uns fondent, les autres détruisent ! Il faut toute la supériorité du bien sur le mal pour que le compte en définitive se règle par un faible excédent au profit du bonheur. Ainsi le bonheur est demeuré un décevant mirage tout le temps que dans l'Europe, morcelée en seigneuries de quelques lieues carrées, l'entente n'a pu s'établir largement sur ceci : que convient-il de faire pour assurer de bonnes conditions d'existence, pour donner aux hommes la sécurité, le respect des biens, des personnes et des consciences, la liberté individuelle, la salubrité publique, etc.

Il y a eu un grand progrès accompli quand, au morcellement féodal a succédé l'unité royale ; un autre, quand sont tombées les douanes intérieures ; un autre, quand tout un pays a pu s'entendre sur les droits de l'homme et du citoyen ; un autre, plus grand encore, quand l'invention des chemins de fer et du télégraphe a réalisé soudain, pour le plus grand bien de la félicité générale, un rapprochement des peuples les plus éloignés. Actuellement, grâce à la vapeur et à l'électricité, se resserre cette entente du monde entier, laquelle est, disons-nous, indispensable pour rendre possible la conquête du bonheur [1] ;

1. Voir Novicow *les Gaspillages des Sociétés modernes* où l'auteur démontre que la question sociale est une question internationale

l'expansion coloniale elle-même, en dépit de ses horreurs qu'on ne saurait trop flétrir, est une étape vers l'unification des vues et l'association des efforts.

Sans aller chercher si loin, et puisque à l'intérieur même des pays civilisés, il reste encore beaucoup à faire pour grouper les bonnes volontés, les animer des mêmes aspirations et les diriger vers le même but, il serait à souhaiter qu'au sein de nos sociétés, il se créât quelque institution propre à favoriser le rapprochement des hommes en dépit des opinions, des croyances et des préjugés qui les séparent. Pour hâter l'avènement de la concorde et de l'harmonie, il faudrait ouvrir comme un sanctuaire où quiconque est résolu à travailler au bonheur du monde, en s'appliquant à se perfectionner au contact et par l'aide de ceux de ses semblables qui sont animés d'un égal désir, pût à toute heure communier avec de bons ouvriers, de bons pères et de bons citoyens.

Ce sanctuaire, ce berceau du bonheur, déjà, dans l'ombre, ne s'élève-t-il pas?

Il y a trois cents ans une jeune fille, on pourrait dire une petite fille se mariait et devenait marquise de Rambouillet : elle avait douze ans; son mari n'avait pas tout à fait le double de cet âge;

(p. 235) et que les nations ne seront prospères, riches et heureuses que du jour où elles seront unies en une seule confédération de tous les civilisés. (F. Alcan, éditeur.)

italienne par sa mère, française par son père, aux dons les plus brillants du peuple italien, elle unissait les plus solides qualités de notre race. Julia Savelli, sa mère, lui avait donné le goût des constructions grandioses, des beaux marbres, des belles peintures, de la musique, de la poésie, de tous les passe-temps les plus délicats où se complaisent les esprits cultivés. Le marquis de Pisani, son père lui avait transmis l'amour du vrai et du bien; passionnée pour les arts comme une Romaine, Catherine de Vivonne était droite, sensée, mesurée et raisonnable comme une Française.

Sa naissance, le rang de son mari[1], la charge qu'il exerçait à la cour où il était grand-maître de la garde-robe, tout appelait Mme de Rambouillet à figurer aux réceptions du Louvre; mais le ton qui régnait dans l'entourage de Henri IV, les manières des capitaines gascons que la paix avait mal changés en courtisans, les mœurs relâchées dont le vert-galant donnait l'exemple choquèrent cette jeune femme. Peu à peu, elle s'éloigna de la cour; la naissance de sa première fille[2] lui fournit un prétexte pour excuser son absence; son mari se démit de sa charge après la mort du roi[3]; enfin Mme de Rambouillet se fit construire[4] une belle demeure qu'elle prit

1. Charles d'Angenne, marquis de Rambouillet.
2. En 1607.
3. En 1611.
4. En 1618.

plaisir à ne plus quitter. Le vieil hôtel que lui avait laissé son père paraissait sombre et froid à la jeune Italienne; elle le fit démolir et l'architecte éleva un logis hospitalier et riant sur les plans qu'elle avait elle-même dressés.

Les maisons parisiennes avaient alors des portes étroites et surbaissées; la marquise voulut un large portail, une cour spacieuse, un vaste perron afin que, plus accueillante, la demeure s'ouvrît au dehors largement. Les maisons parisiennes s'éclairaient à peine par des fenêtres à meneaux de pierre, diminuées du bas par de hautes allèges, assombries des côtés par des ébrasements profonds; la marquise voulut de larges baies, fendues du parquet au plafond; ouvertes, elles laisseraient entrer l'air à flots, fermées, les grandes vitres blanches qui remplaçaient le vitrail colorié aux étroits carreaux sertis de plomb, n'intercepteraient point le jour.

Enfin, au lieu de l'unique grande salle sombre, c'étaient des pièces en enfilade, des salons qui s'agrandissaient de la perspective des salons contigus; c'étaient aussi des réduits discrets où des paravents, au gré des causeurs, isolaient le cercle, abritaient les apartés intimes; c'était surtout une belle pièce tendue de velours bleu et or, laquelle bientôt dans Paris et dans la France entière fut célèbre sous le nom de la « chambre bleue d'Arthénice[1] ».

1. Nom formé avec les lettres de « Catherine. »

Cet hôtel, après avoir fait une révolution dans l'architecture, devait, et c'est là que je voulais arriver, en introduire une aussi dans les mœurs et exercer son influence sur les relations mondaines et la conduite des hautes classes.

Dans son nouveau logis, en effet, Mme de Rambouillet attira des gentilshommes, de nobles dames, des bourgeois lettrés ; ceux-ci pour la première fois se trouvèrent rapprochés des grands seigneurs : c'était une grande révolution sociale, un élargissement de la société française. En outre, on put voir là le spectacle nouveau et singulièrement instructif de gens qui, désireux d'élever leur esprit et d'épurer leur âme, ne s'isolaient point en un couvent et ne torturaient point leur corps. Pour devenir meilleurs et travailler à leur salut, au lieu de rompre avec le monde, ils y entraient; au lieu de se donner la discipline, de jeûner, d'user de leurs genoux les dalles d'une cellule, ils se divertissaient honnêtement en compagnie. C'était un bel exemple de sagesse, une vraie révolution morale, un élargissement de l'esprit français.

Sur ces divertissements de l'hôtel de Rambouillet, je dois être très bref; cependant je peux dire que l'on causait beaucoup, on lisait, on jouait des charades, on allait à la comédie; et lorsqu'on se quittait pour un voyage, on s'écrivait et les lettres des absents étaient lues à haute voix et goûtées en société. Ou bien encore on traçait soi-même son propre portrait et la difficulté était alors d'être assez perspicace pour se juger comme aurait fait un ami clairvoyant, assez vrai pour ne se point prêter des qualités, assez sincère pour ne rien celer de ses défauts, assez délié pour que l'aveu fit goûter la sincérité du peintre sans diminuer l'estime que, trop peu perspicaces ou moins bien informés, ses amis avaient jusqu'alors accordée au modèle.

Souvent aussi on se proposait des problèmes de conduite; chacun les méditait à part soi, puis on les discutait en commun. Par exemple ceci : « Que doit faire un jeune homme, qui, sur le point d'épouser une jeune fille, se voit obligé de provoquer en duel le père de celle qu'il aime? refuser? se tuer? ou se battre?...[1] »

Cette habitude d'agiter des questions de morale pratique, même si quelque frivolité se mêlait aux données des problèmes, cette application à se connaître soi-même et à pénétrer son prochain non par une curiosité maligne, mais afin de trouver de nouvelles raisons de s'attacher à lui ; ce désir de se faire distinguer, estimer, chérir, entretenaient parmi les habitués de l'hôtel une émulation très aimable. Chacun se sentait obligé à exercer sur soi-même une surveil-

1. Sujet du *Cid* de Corneille; le sujet de son *Polyeucte*, pris et repris dans les romans de Mlle de Scudéry et de Mme de la Fayette, donnerait aussi une juste idée des conversations de l'hôtel de Rambouillet.

lance constante, afin d'acquérir des façons de dire de plus en plus correctes, gracieuses et jolies, des manières de plus en plus douces et séduisantes, des sentiments toujours plus délicats et plus purs. Si, appliquée à ces mondains l'expression ne paraissait un peu austère, on pourrait dire qu'ils cherchaient dans leur vie de fête et que véritablement ils y trouvaient des moyens de sanctification.

Ce qu'on peut dire c'est que les hommes et les femmes qui étaient reçus là étaient la plupart des personnes de haute valeur morale; peut-être sentaient-ils leur mérite un peu trop, quand ils se donnaient le nom de « précieux » et « de précieuses »; pourtant s'étudier à mieux parler, à mieux penser, à mieux se tenir, à mieux se conduire que ceux qui déjà parlent, pensent, se tiennent et se conduisent très bien est une entreprise dont on ne saurait exagérer le prix.

Aussi ne serais-je pas éloigné d'attribuer à l'hôtel de Rambouillet la grandeur de la France entre 1620 et 1660, ainsi que l'éclat de la plus belle partie de ce qu'on est convenu d'appeler le siècle de Louis XIV, bien que ce roi né en 1638 y soit absolument étranger. Du groupe des « Précieux » se détachent quelques-unes des plus belles figures de ce temps-là; d'abord la marquise elle-même, puis l'académicien Conrart, le duc de Montausier, etc...

Si nous avions à étudier ici les œuvres des

grands écrivains, je ferais voir chez Corneille, dont le théâtre fut comme on sait une école de grandeur d'âme, certains personnages admirables qui sont de vrais « précieux ». Indiquons simplement, dans la même pièce, deux grands cœurs, Pauline et Sévère en qui on voit le type achevé de l'honnête femme et de l'honnête homme vers 1640, ou mieux encore de la « Précieuse » et du « Précieux ». Détail plus probant, il est dans une comédie de Molière, un personnage d'une honnêteté intransigeante, qui refuse de mentir même dans les compliments et les effusions banales que la politesse commandait alors aux gens bien élevés : dans Alceste le public reconnut un des plus fameux parmi les habitués de l'hôtel, le propre gendre de Mme de Rambouillet, l'austère duc de Montausier.

Cette société d'élite finit, je le sais, par raffiner dans la recherche du bien. Elle compliqua à tel point ses exigences en fait de langage, de manières et de sentiments, que les « Précieux » à la longue devinrent ridicules et dangereux[1].

Entre tant d'autres causes qui amenèrent cette

1. Notamment à propos du mariage. La délicatesse de certaines Précieuses ne pouvait souffrir « ces nœuds de chair, ces chaînes corporelles... » *Femmes savantes*, 1672. Défenseur des lois naturelles et du bon sens, Molière les reprit durement deux fois dans les *Précieuses ridicules* et dans les *Femmes savantes*. — Une jolie pièce de vers donnera une idée de la société précieuse et de ses passetemps gentiment ridicules, c'est la *Journée d'une précieuse*, de M. Rostand, *Lectures pour tous* de juin 1900.

décadence, nous voyons celle-ci surtout : que ces gens de cœur étaient des oisifs, et qu'il est pour l'homme très mauvais de n'avoir point quelque sérieuse occupation ; et cette autre, qui n'est pas moindre : que leur idéal, par là incomplet, était ce que nous appelons « l'homme du monde », ce qu'ils appelaient « l'honnête homme » c'est-à-dire le Français de bonne naissance, appelé à vivre à la cour, à servir le roi sur le champ de bataille et à rehausser la splendeur de sa cour par sa bonne mine, ses bonnes manières, son fin langage.

N'êtes-vous point frappé comme moi de ceci : nos Universités populaires, ouvertes aux hommes et aux femmes, aux adultes et aux enfants, aux artisans et aux intellectuels, où l'on travaille, où on lit, où on joue, où on cause, où on écoute de la musique, où l'on regarde des projections et qui sont moins des écoles que des salons, ressemblent beaucoup à cette « chambre bleue » où se divertissait l'élite du XVIIe siècle ? Ne sentez-vous point que le « Palais du Peuple », de Georges Deherme, véritable Hôtel de Rambouillet de la démocratie, est comme l'élargissement, la splendide réalisation populaire de cette belle pensée de la grande dame ?

A la tentative avortée de Catherine de Vivonne, que nos 38 000 sociétés d'éducation empruntent son principe fécond, qui est de réunir les hommes et les femmes, au lieu de les séparer, quand il s'agit de s'instruire et de se préparer à la vie; qu'elles leur empruntent aussi cette souriante méthode qui poursuit le perfectionnement de l'être humain et par suite son bonheur au milieu des distractions honnêtes et des conversations enjouées.

Mais surtout qu'elles complètent et ennoblissent l'idéal de l'hôtel de Rambouillet. Au lieu de travailler à former « l'honnête homme » et « l'honnête femme », ou, pour parler notre langage, « l'homme du monde » et « la femme du monde », c'est-à-dire des êtres brillants sans doute, mais incomplets, artificiels et inféconds, qu'elles s'appliquent, durant les soirées que notre vie laborieuse nous cède pour cette œuvre d'amélioration et de culture intellectuelle et morale, à former l'ouvrier, le père et la mère de famille, le citoyen et la citoyenne, l'être supérieur et complet, qui, en s'efforçant de réaliser en sa personne un plus bel exemplaire humain, ne veut apprendre à vivre et à bien vivre que pour la famille et la cité.

Tel est l'idéal qui conduira le genre humain à remplir sa destinée, laquelle n'est certes pas de gémir sur soi-même, le front courbé, les bras croisés et les yeux clos, en disant que le bonheur n'est pas de ce monde; mais au contraire de lutter sans relâche afin de conquérir, à la sueur de son front, par l'effort, l'intelligence et la vertu un bonheur assuré, sans mélange et sans fin; ou pour emprunter à Spinoza ses idées et son langage, tel est l'idéal qui conduira le genre humain à se diviniser et à mériter enfin, sur cette terre, la béatitude et la vie éternelle.

VOCABULAIRE

DES NOMS PROPRES ET DES MOTS RARES

Agamemnon, généralissime des Grecs pendant la guerre de Troie; un des principaux personnages de l'*Iphigénie* de Racine; y représente un ambitieux qui pour conserver sa haute situation consent à immoler sa fille.

Agésilas, 397-360 av. J.-C., roi de Sparte.

Alceste, personnage de Molière dans la comédie du *Misanthrope*; parfait honnête homme, bien fait pour être aimé et aussi pour aimer. Toutefois, mécontent de lui-même, s'en voulant de s'être laissé prendre le cœur par une femme indigne de lui, il s'aigrit contre le genre humain.

Ampère (André-Marie), 1775-1836, philosophe et savant. Les plus remarquables de ses travaux sont consacrés à l'électricité et à l'électro-magnétisme.

Amphitryon, personnage mythologique, mari d'Alcmène, mère d'Hercule. L'auteur latin, Plaute, a fait une tragi-comédie dont Amphitryon est un des principaux personnages; Molière s'est inspiré de cette œuvre dans son *Amphitryon* (1668).

Andromaque, femme d'Hector dans l'*Iliade* d'Homère; personnage de la pièce de Racine du même nom; parmi des passionnés que l'amour égare, cette veuve fidèle au souvenir de son mari, cette mère qui se sacrifie pour sauver son fils, attire seule l'estime et les sympathies.

Andromède, personnage mythologique, fille du roi d'Éthiopie, offerte en victime expiatoire au dieu de la mer Poséidon et délivrée par Persée.

Arcadie, plateau élevé du Péloponèse. En littérature, pays imaginaire des bergers purs dans leurs mœurs, fidèles dans leurs amours; séjour prétendu du bonheur pastoral.

Archimède, 287-212, av. J.-C., Grec de Syracuse, élève du géomètre Euclide. On lui attribue l'invention de la vis sans fin, la vis creuse, les moufles, les roues dentées, la théorie du levier, la création de l'hydrostatique. Le principe qui porte son nom s'énonce ainsi: tout corps plongé dans un liquide perd de son poids un poids égal à celui du volume d'eau qu'il déplace. Les Romains contre lesquels il avait défendu Syracuse, l'égorgèrent à la prise de cette ville.

Aristote, 384-322, philosophe grec, disciple de Platon, précepteur d'Alexandre le Grand, fondateur de l'école péripatéticienne ou du lycée. Tandis que Platon est un poète qui s'occupe de philosophie et imagine autant qu'il raisonne, Aristote est un savant qui observe, expérimente, analyse et reconstruit.

Athalie, personnage principal de la pièce que Racine composa en 1691, pour les jeunes pensionnaires de Saint-Cyr.

Athlète, celui qui s'exerçait à la lutte ou au pugilat pour combattre dans les jeux solennels de la Grèce.

Aubigné (Agrippa d'), 1552-1630, compagnon de Henri IV, brillant cavalier, causeur spirituel, humaniste au savoir profond et rimeur aimable de jolis riens; en même temps, calviniste farouche et terrible batailleur. Publia tardivement (1616), *les Tragiques*, œuvre inégale et touffue, satire violente contre les Valois.

Bacilles, sortes de petits bâtonnets filiformes, visibles au microscope, plus ou moins nettement articulés et qui, introduits dans notre organisme peuvent y provoquer de graves maladies (choléra, fièvre typhoïde, tuberculose).

Bajazet, principal personnage de la pièce de Racine du même nom, 1672.

Bersot (Ernest) 1816-1880, professeur de philosophie au lycée de Versailles, refusa de prêter serment après le 2 décembre, fit du journalisme et de la littérature; directeur de l'École normale supérieure en 1871; supporta stoïquement un mal terrible dont il mourut.

Boileau, 1636-1711. Poète satirique et didactique; formula dans son *Art poétique* la doctrine de l'école de 1660 ou école classique; exemple instructif de ce que peut pour la renommée d'un homme le travail, la probité et la conscience; bien inférieur à Racine, La Fontaine et Molière, pourtant Boileau est aussi connu et estimé que ces incomparables génies.

Bourget (Paul), 1862, romancier contemporain. Un très intéressant récit d'un séjour en Amérique, *Outre-Mer*.

Buffon, 1707-1788, grand naturaliste dont les travaux sur les *Epoques de la nature* ont préparé la voie aux grandes découvertes de notre siècle.

Buthrote, ville d'Épire où résidait le roi Pyrrhus; c'est dans cette ville que Racine a placé la scène de son *Andromaque*.

Calédonie (Nouvelle-), îles de l'Océanie (Mélanésie), appartenant à la France, capitale Nouméa. Les indigènes, grands et forts, sont paresseux, pillards, perfides et cruels. Ils sont anthropophages.

Casal, place forte d'Italie dans le Montferrat; Louis XIV l'acheta au duc de Mantoue, pour dominer le nord de la Péninsule et le Piémont qu'il tenait déjà par Pignerol (1681).

Chamfort, 1741-1794, homme de lettres, brillant causeur, pessimiste dont les saillies, disait Mme Roland, faisaient rire et penser; fut le collaborateur assidu de Mirabeau qui disait de lui : « Je me frotte à cette tête, la plus électrique que j'aie connue. » Le recueil de ses traits, maximes et anecdotes, publié en 1803, est son meilleur ouvrage.

Cid (le), le premier grand triomphe de Corneille au théâtre, 1636.

Conrart, 1603-1675, homme d'esprit et de goût, chez lequel s'assemblaient des lettrés. Richelieu l'ayant su, fit proposer à Conrart de tenir régulièrement ces réunions sous son patronage; ce fut là l'origine de l'Académie française (1635). Les manuscrits de Conrart, fort importants, ont péri pendant la Commune.

Corneille (Pierre), 1606-1684, un des plus grands poètes dramatiques du XVIIe siècle; vécut en bon père de famille et plus volontiers à Rouen qu'à Paris, ne fréquenta guère que les milieux honnêtes; aussi les personnages qu'il a mis au théâtre sont-ils vertueux sans effort, et jaloux de se bien conduire. Son observation n'est pas moins profonde, ni moins exacte que celle de Racine, elle a porté sur moins de sujets. Ses plus belles œuvres sont : *le Cid*, *Horace*, *Cinna* et *Polyeucte*.

Coste (Adolphe), 1842, publiciste, auteur de plusieurs œuvres d'économie politique, entr'autres, l'*Expérience des peuples et les prévisions qu'elle autorise*.

Coupeau, un des personnages de *l'Assommoir*, roman de M. Émile Zola; type de l'ouvrier parisien habile et bon enfant; mais, à la suite d'un accident, Coupeau prend des habitudes de paresse et d'ivrognerie et meurt misérable d'un accès de *delirium tremens*.

Croiset (Maurice), 1846, professeur au Collège de France, helléniste dont les écrits ont la précision lumineuse et la grâce discrète des œuvres grecques; maître incomparable pour former la jeunesse à aimer le bien non moins qu'à goûter le beau.

Cynégire, frère du grand poète grec Eschyle; se distingua à la bataille de Marathon, où en escaladant une galère perse il eut les deux mains coupées.

Daudet (Alphonse), 1840-1897, le plus réaliste des romanciers contemporains; a fait dans des romans très documentés le tableau des mœurs contemporaines : mœurs des parvenus, dans *le Nabab*;

des souverains déchus, dans *les Rois en exil* ; du haut commerce parisien, dans *Fromont jeune et Risler aîné... Le Petit Chose* contient une sorte d'histoire de son enfance et de sa jeunesse.

Dédale, personnage mythologique, artiste légendaire auquel les anciens attribuaient toutes les œuvres de l'architecture et de la sculpture primitive. Il aurait construit en Crète pour Minos le labyrinthe, où il fut lui-même enfermé et d'où il s'échappa en fabriquant des ailes pour lui et son fils Icare.

Demolins (Edmond), 1852, historien et sociologue français, directeur de la *Science sociale.* Attaché dans sa jeunesse à des vues conservatrices ; trois de ses ouvrages ont fait grand bruit, *A quoi tient la supériorité des Anglo-Saxons*, 1897 ; *les Français d'aujourd'hui*, 1898 ; *l'Education nouvelle*, 1898.

Destouches, 1680-1754, bourgeois de bonne famille, tour à tour comédien, soldat et secrétaire d'ambassade. Marié secrètement en Angleterre, s'inspira de sa situation pour écrire *le Philosophe marié*, 1726 ; dans cette pièce, un philosophe, qui ne mérite guère ce nom puisqu'il tremble devant l'opinion, n'ose avouer son mariage, ce qui le met lui et sa femme dans des situations plaisantes dont l'auteur a su tirer un bon parti.

Diderot (Denis), 1713-1784, écrivain infatigable qui a touché à peu près à tout, théâtre, roman, critique d'art ; lança le grand monument scientifique du XVIIIe siècle, l'*Encyclopédie*.

Disque, palet rond et aplati, en pierre ou en métal, que les anciens s'exerçaient à lancer d'une seule main pour développer leur force et leur adresse.

Droz (François-Xavier-Joseph), 1773-1850, moraliste et historien ; auteur d'un *Essai sur l'art d'être heureux*, 1806.

Droz (Gustave), 1832-1895, d'abord peintre, puis littérateur ; écrivit dans la *Vie parisienne ;* auteur de romans : *Monsieur, Madame et Bébé, Entre nous, Autour d'une source*, etc.

Ecole centrale des Arts et Manufactures, à Paris, scientifique et professionnelle, reçoit après concours des externes qu'elle conserve trois ans. Ceux qui ont satisfait complètement aux examens et au concours de sortie obtiennent un diplôme d'ingénieur ; ceux qui montrent une instruction moindre, mais suffisante encore, un certificat de capacité.

Eldorado, ou, en espagnol, le pays d'or ; prétendu pays qu'un lieutenant de Pizarre aurait découvert dans l'Amérique du Sud. S'emploie pour signifier un pays d'abondance et de délices.

Emerson, philosophe et poète américain, né à Boston, en 1803.

Empyrée, chez les Anciens, la plus élevée des quatre sphères célestes, celle où se trouvaient les feux éternels, c'est-à-dire les *astres*. Ironiquement, être toujours dans l'empyrée, se perdre dans les nuages.

Epictète, Ier siècle ap. J.-C., philosophe stoïcien, d'abord esclave, devint familier de l'empereur Hadrien. On a de lui un *Manuel* de sagesse et des *Entretiens* recueillis par son disciple Arrien.

Esther, personnage de la première pièce que Racine composa pour Saint-Cyr, 1689.

Euclide, IVe siècle av. J.-C., célèbre géomètre grec; enseignait les sciences à Alexandrie. Les Anglais se servent encore de ses ouvrages dans l'enseignement de la géométrie.

Femme (la), voir Michelet.

Femmes savantes (les), voir Molière.

Glaber (Raoul), chroniqueur français du XIe siècle.

Gladstone, 1809-1898, homme d'État anglais, chef du parti libéral.

Gœthe, 1749-1832, auteur dramatique, poète épique, romancier, savant, mais surtout poète lyrique incomparable, le plus grand génie de l'Allemagne et un des plus puissants penseurs qui aient honoré l'humanité.

Hellènes, nom que se donnaient les anciens grecs; ils désignaient sous le nom d'*Hellas*, tous les groupes de population qu'ils avaient formés sur les bords de la Méditerranée.

Hérédia (José-Maria), né à Cuba, 1842; poète, a publié entr'autres livres un recueil de beaux sonnets: *les Trophées*.

Hérodote, 484-407 av. J.-C., le premier en date des historiens grecs. La partie la plus remarquable de son œuvre est l'histoire des Guerres médiques.

Hésiode, poète grec, postérieur de quelques siècles à Homère; auteur de poèmes didactiques dont le plus célèbre, *Les Œuvres et les Jours*, est consacré aux travaux des champs.

Hippocrate, 460-480 av. J.-C., de Cos, célèbre médecin grec; ouvrages traduits par Littré.

Homère, entre le XIIe et le IXe siècle av. J.-C., poète auquel on attribue les deux grandes épopées des Grecs, *l'Iliade* et *l'Odyssée*.

Hugo (Victor), 1802-1885. Notre plus grand lyrique, notre unique poète épique et le plus habile artiste en vers que la France ait jamais eu.

Hurons, Iroquois, sauvages de l'Amérique du nord; dès le XVIIIe siècle, ces mots désignaient des hommes grossiers et stupides.

Hygiée, déesse de la santé.

Ischomaque, personnage mis en scène par Xénophon dans son *Economique*. C'est un Athénien, lequel raconte à Socrate comment il a fait de sa femme une collaboratrice intelligente et active, qui surveille sa maison et contribue par ses soins à la prospérité et au bonheur de la famille. (Voir *Socrate* d'après Xénophon; Picard et Kaan, éditeurs, 0f,40).

Izoulet, professeur au Collège de France, auteur d'une thèse remarquablement construite, ayant pour titre, *la Cité moderne*.

Janet (Paul), 1823-1899, philosophe contemporain, professeur à la Sorbonne. Principaux ouvrages: *la Famille, la Philosophie du bonheur, Histoire de la Révolution française*.

Joubert, 1754-1824, ami de Châteaubriand, inspecteur général de l'Université. Esprit délicat, si difficile, dit-on, pour les ouvrages des autres, qu'il n'avait dans sa bibliothèque nul ouvrage où il n'eût découpé des pages qui lui déplaisaient. D'ailleurs, très sévère pour lui-même. On a publié après sa mort des *Pensées* qu'il avait mille fois retouchées.

Jupiter, dieu suprême des Romains, appelé Zeus chez les Grecs; personnifie la clarté du jour, la sérénité du ciel, le ciel lui-même. La maison de Jupiter ou de Zeus signifie le monde, ciel et terre.

Juvénal, 60-140 ap. J.-C., poète latin; a écrit des satires morales en vers mordants et sonores.

Keble, poète anglais, né en 1792; a fait aussi des ouvrages de théologie.

Kneipp, 1821-1898, ecclésiastique bavarois, inventeur d'un système d'hydrothérapie dont les deux principes essentiels sont: s'endurcir en se promenant nu-pieds dans l'eau froide, sur la neige, ou l'herbe mouillée de rosée; ne pas s'essuyer après les ablutions.

La Bruyère, 1645-1696, moraliste chez lequel on s'obstine, bien à tort, à priser le style plus que la pensée. Son livre des *Caractères*, (1688), s'il est d'une forme très attrayante et offre à l'écrivain, comme a dit Stendhal, un trésor de tours, est aussi un trésor de bons conseils pour tous les états et tous les âges.

La Fayette (Mme de), 1634-1693, femme de goût et de talent, écrivit quelques romans bien différents de ceux qui avaient alors la vogue: elle est aussi sobre que Mlle de Scudéry était prolixe, et si elle peint l'amour, elle ne veut plus des intrigues romanesques et invraisemblables. On lit encore son chef-d'œuvre, *la Princesse de Clèves* (1678).

Lamartine (Alphonse de), 1790-1869, un des plus grands auteurs et poètes, et incontestablement un des plus grands hommes de notre pays. On remarque plus particulièrement, dans son œuvre, un admirable roman en vers, *Jocelyn;* d'incomparables élévations lyriques, *les Méditations*; un beau livre d'histoire, *les Girondins;* des discours politiques puissants, lyriques, enflammés; une grande âme et une belle vie.

Lavedan (Henri), auteur dramatique contemporain; une de ses meilleures pièces est *le Prince d'Aurec*, qui est le *Gendre de M. Poirier*, d'Augier, mis au goût du jour et traduit en langage ultramoderne.

Le Play, 1806-1882, ingénieur, économiste, auteur de remarquables monographies sur les ouvriers de tous les pays, fondateur d'une société d'économie sociale qui dure encore.

Livius Andronicus, 284-204 av. J.-C., Grec de Tarente, fait prisonnier par les Romains, composa en latin des tragédies, des comédies et des poèmes épiques.

Louis XIV, 1638-1715, fils de Louis XIII, régna de 1643 à 1715, compromit la suprématie de la France si péniblement établie par ses prédécesseurs; contribua à ruiner le pays par ses dépenses et par l'expulsion des protestants.

Lucien, né vers 120 ap. J.-C., en Syrie; écrivit en grec des dialogues remplis de malice, principalement sur les dieux du paganisme dont il se raille.

Maintenon (Mme de), 1635-1719; Françoise d'Aubigné, petite-fille d'Agrippa d'Aubigné, l'auteur des *Tragiques.* Pauvre et jolie, épousa l'invalide Scarron pour se mettre à l'abri du besoin. Veuve, fut signalée à Louis XIV qui lui confia l'éducation de certains de ses enfants; le roi l'épousa secrètement en 1684. Fonda l'établissement de Saint-Cyr, maison d'éducation pour les filles des officiers morts au service du roi.

Marion (Henri), 1846-1896, professeur à la Sorbonne où il a fondé l'enseignement de la science de l'éducation. Une belle thèse à connaître : la *Solidarité morale.*

Mattioli, mort en 1703 à la Bastille, agent italien du duc de Mantoue, négocia la vente de Casal à Louis XIV, puis trahit la confiance du roi qui le fit arrêter et enfermer à Pignerol. Serait l'homme au masque de fer.

Michelet (Jules), 1798-1884, un des plus grands historiens et des plus grands écrivains modernes. L'histoire a été pour lui une résurrection : il voit et fait voir les âges disparus; plein de foi dans l'activité humaine, il déclare que l'humanité est son œuvre à elle-même et réalise le progrès grâce à la tradition et à la liberté. A côté de ses œuvres historiques : *Histoire de la République romaine*, *Histoire de France*, *Histoire de la Révolution*..., il faut citer : *la Montagne*, *la Mer*, *l'Oiseau*, *l'Insecte*, *l'Amour*, *la Femme*, *le Peuple*, *Nos fils*, livres de science aimable et d'imagination auxquels a collaboré sa femme, la seconde Mme Michelet.

Minos, Eaque, Rhadamante, Triptolème, personnages fabuleux, juges des morts dans les enfers.

Moïse, chef hébreu, vécut à la cour du roi d'Égypte, Ramsès II (1405-1338 av. J.-C.) ; fit passer aux Hébreux la mer Rouge à marée basse ; le reflux surprit l'armée égyptienne et la détruisit. On lui attribue les livres qui sont en tête de la Bible, ceux que les Juifs appellent *Thorah* ou la loi, et les chrétiens, le *Pentateuque*.

Molière, 1621-1673 ; de son nom J.-B. Poquelin. Le plus grand des poètes comiques. A la fois auteur, acteur et chef de troupe ; s'épuisa à tant de travaux. Aborda dans ses pièces presque toutes les questions importantes de son temps, que ses contemporains n'apercevaient pas toujours, alors même qu'ils en souffraient : question du mariage et de la galanterie, rapports des parents et des enfants, éducation des filles, etc... *Les Précieuses ridicules* (1659) ; *Tartufe* ; *Don Juan* ; *le Misanthrope* ; *Amphitryon* ; *les Femmes savantes* ; *le Malade imaginaire* (1673). Un des rares écrivains qui eût parcouru la France en tous sens.

Montaigne, 1533-1592, auteur des *Essais*, causerie et non pas livre, sans plan, sans but, mais d'une variété, d'une grâce et, souvent, d'une profondeur admirables.

Montausier (duc de), 1610-1690, soupira pendant quatorze ans pour la fille aînée de Mme de Rambouillet et l'épousa après avoir abjuré le protestantisme ; fut gouverneur du dauphin.

Montespan (Mme de), 1641-1707, femme célèbre de la cour de Louis XIV ; de la famille des Rochechouart-Mortemart, réputée pour son esprit.

Montfaucon, hauteur située à Paris entre le faubourg Saint-Martin et le faubourg du Temple ; un gibet s'y élevait.

Musée, poète des temps primitifs de la Grèce, dont nous ne connaissons que le nom.

Musset (Alfred de), 1810-1857 ; un des poètes les plus originaux de l'école romantique. Il a moins d'imagination ou de force de pensée que Lamartine, Vigny, Hugo ; mais il a une sensibilité plus profonde, plus d'esprit et plus de naturel. Son œuvre est double : tantôt passionnée, douloureuse, abondant en vers « qui sont de purs sanglots », tantôt spirituelle, légère, charmante. Il est à la fois un *enfant du siècle* et un petit-fils du XVIIIe siècle. Lire surtout ses *Nuits*.

Nordau, philosophe allemand contemporain. Quelques-uns de ses ouvrages, *Paradoxes sociologiques*, *Paradoxes psychologiques*, *Psycho-physiologie du Génie et du talent*, *Dégénérescence*, *les Mensonges conventionnels de notre civilisation* ont été traduits en français.

Novicow, savant russe contemporain, auteur de plusieurs ouvrages dont plusieurs ont été écrits en français, par exemple : *Les luttes entre sociétés humaines*, *les Gaspillages des sociétés modernes*, *la Fédération de l'Europe*.

Oreste, personnage caractéristique du théâtre de Racine (Andromaque) ; un de ces hommes malhonnêtes prêts à tout trahir et à tout faire, quand il s'agit pour eux de se procurer quelque sensation rare et de satisfaire leur égoïsme ; leur excuse est que leur destin les entraînait.

Orphiques (Poèmes), chants attribués, sans raison, à un très ancien poète grec, Orphée. En réalité, cantiques d'une secte religieuse qui, en l'honneur de Bacchus, dieu de la mort et de la vie universelle, se soumettait à des pratiques sévères qui assuraient, dans cette vie, la paix et le calme moral, et facilitaient, après la mort, le passage de l'âme dans des corps nouveaux. Leconte de Lisle a traduit en prose les chants orphiques.

Papous, indigènes de la Nouvelle-Guinée, (Océanie) ; sauvages misérables, cruels, petits et hideux.

Parc (Mlle du), morte en 1668, comédienne de la troupe de Molière ; Racine, en 1667, la détermina à quitter cette troupe pour entrer au théâtre de l'hôtel de Bourgogne ; elle y joua supérieurement Andromaque.

Pascal (Blaise), 1623-1662, mathématicien, physicien et philosophe ; passe pour avoir inventé la brouette et le haquet ; eut certainement le premier l'idée d'organiser dans Paris un service d'omnibus ; fit au Puy de Dôme des expériences sur la pesanteur de l'air ; écrivit, contre la morale et la politique des Jésuites, les *Lettres provinciales*, et laissa les matériaux d'un grand ouvrage sur la religion, on les a publiés sous le titre de : *les Pensées*.

Pauline, personnage du *Polyeucte* de Corneille.

Paulus Æmilius, le Macédonique, général romain, vainquit le roi Persée, 168 av. J.-C.

Payot, agrégé de philosophie, docteur ès lettres, inspecteur d'Académie, auteur de plusieurs ouvrages remarquables dont l'un, l'*Edu-*

cation de la volonté, est indispensable aux jeunes gens qui veulent apprendre à bien vivre.

Pergame, ville d'Asie Mineure ; fut un centre de civilisation après Alexandre. Nous avons des œuvres de ses sculpteurs.

Persée, héros mythologique, fils de Danaé et de Zeus, tua la Gorgone, Méduse et d'autres monstres.

Pessimiste, celui qui croit que tout va mal et qu'il est inutile de chercher à améliorer les hommes ni les choses. Quiconque, tout en étant mécontent du présent, compte que l'homme, s'il s'efforce, verra s'améliorer sa condition et son cœur, n'est point un pessimiste.

Phœnix, personnage de l'*Andromaque* de Racine.

Polyeucte, personnage du théâtre de Corneille ; a donné son nom à la pièce.

Précieuse, Littré dit : « Femme qui se livrait aux plaisirs du bel-esprit, et qui joignait la délicatesse du langage à la délicatesse des manières. »

Précieuses ridicules (les), la première des pièces que Molière composa dès son retour à Paris (1659). Il y signala les excès inévitables où tombent ceux qui veulent se distinguer à tout prix. A force de vouloir *mieux* parler, se tenir, se conduire que les autres, on en vient à parler, à se tenir, à se conduire *autrement* ; de la préciosité naissent le burlesque, le grotesque, les turlupinades, le jargon et l'argot, l'excentricité et le dérèglement. Ce sont les trois points auxquels Molière touche dans sa comédie où il se raille : du parler à la mode, du costume et des manières des marquis, de l'aversion des précieuses pour le mariage.

Psychologie, science des faits de conscience et des facultés (sensibilité, intelligence et volonté), dont l'ensemble constitue l'âme.

Puget (Pierre), 1622-1694, sculpteur né à Marseille, exécuta des ornements pour les poupes des galères royales, travailla à l'ornementation des châteaux de Vaux et de Versailles. Sculpta les cariatides de l'hôtel de ville de Toulon.

Pyrrhus, personnage de l'*Andromaque* de Racine.

Pythagore, VIe siècle av. J.-C., né à Samos, mort en Sicile ; fonda en Italie une école de philosophie, sorte d'association politique et religieuse et fit de grandes découvertes en mathématiques ; la table de multiplication porte son nom ; ses travaux permirent de construire des instruments de musique, harpes ou guitares, perfectionnés. Sa philosophie est obscure, mais sa morale est très pure. Il croyait à la métempsycose ou migration des âmes après la mort ; il était végétarien.

Quintessence, dans l'ancienne chimie, la partie la plus subtile extraite d'un corps; au figuré, ce qu'il y a de plus raffiné en quelque chose.

Rachitique, affecté d'une maladie consistant en une perturbation de la nutrition de tous les tissus. Un enfant rachitique est ce qu'on appelle communément un enfant noué; il présente aux poignets et aux chevilles des renflements très visibles, a les os des jambes curvilignes, la poitrine de poulet... Cette affection signalée au médecin est facile à guérir.

Racine, 1639-1699, un des plus grands poètes dramatiques du XVIIe siècle. Orphelin de bonne heure, et assez dissipé, fréquenta jusqu'en 1677 tous les milieux, même les moins recommandables; il y gagna une très riche connaissance des âmes communes; aussi a-t-il excellé à peindre les grands criminels, les égoïstes féroces, les passionnés impuissants à se contenir. Principales œuvres: *Andromaque* 1667, *Britannicus* 1669, *Bérénice* 1670, *Bajazet* 1672, *Iphigénie* 1674, *Phèdre* 1677, *Esther* 1689, *Athalie* 1691.

Rémusat (Mme de), 1780-1821, fut nommée en 1802 dame du palais de Joséphine, son mari était préfet du palais du premier Consul. Elle a écrit des romans, un *Essai sur l'éducation des femmes*, et des *Mémoires*.

Renan, 1823-1892, élevé au séminaire renonça à la prêtrise pour se faire recevoir agrégé de philosophie et docteur ès lettres; fut professeur d'hébreu au Collège de France; a laissé des travaux remarquables sur l'*Origine des langues* et sur l'*Origine du christianisme*. Sa *Vie de Jésus*, 1863, eut un succès retentissant.

Renaissance (la), un des trois grands faits qui marquent au XVIe siècle le commencement des temps modernes: 1º La découverte de l'*Amérique* qui produit une révolution économique; 2º La *Réforme* qui provoque, avec Luther, une révolution religieuse; 3º La *Renaissance* qui, sous l'influence de l'antiquité étudiée avec passion, produit une révolution littéraire, artistique et scientifique.

Reynolds (Josué), 1728-1792, célèbre peintre anglais.

Rodrigue, personnage du *Cid* de Corneille.

Rougon-Macquart (les), titre d'une série de romans que M. Émile Zola a consacrés à l'histoire naturelle et sociale d'une même famille sous le second Empire; les principaux livres sont: *la Fortune des Rougon*, *la Curée*, *le Ventre de Paris*, *la Conquête de Plassans*, *la Faute de l'abbé Mouret*, *Son Excellence Eugène Rougon*, *l'Assommoir*, etc.

Rousseau (J.-J.), 1712-1778, « cet écrivain qui était un musicien, ce philosophe qui était un poète, ce moraliste qui était un romancier, ce prêtre laïque qui était un libertin, et ce mage qui était un magicien, était surtout un enchanteur dont les idées avaient sur les hommes la force qu'ont d'ordinaire les passions ». (Faguet.) Son influence a été immense sur la morale, l'éducation et la politique, par la *Nouvelle Héloïse*, *l'Émile* et *le Contrat social*.

Routiers, nom donné au moyen âge soit à des bandes de pillards, soit à des troupes légères.

Roxane, personnage du *Bajazet* de Racine.

Ruskin, 1819-1900, peintre et critique anglais.

Saint-Simon (duc de), 1675-1755, courtisan qui sous Louis XIV manqua sa fortune militaire et sous le Régent sa fortune politique ; a écrit des mémoires ; comme historien, il est suspect ; mais il est un très grand peintre de portraits et de tableaux historiques ; style incorrect, déréglé, mais d'un relief prodigieux.

Salamine, île de Grèce, en face de l'Attique ; en 480 av. J.-C., la flotte perse entassée dans un détroit y fut détruite par Thémistocle et les Athéniens.

Say (J.-B.), 1767-1832, membre du Tribunat en 1799, le plus illustre représentant de l'Économie politique qu'il enseigna au Collège de France. Deux ouvrages essentiels : *Traité d'économie politique* et *Cours complet d'économie politique pratique*.

Scarron (Paul), 1610-1660, auteur gai, créateur du genre burlesque, fit des parodies, des poèmes héroï-comiques, des comédies voisines de la farce.

Scudéry (Madeleine de), 1607-1701, femme auteur, plaisait infiniment, quoique laide, dans les sociétés brillantes du temps ; publia sous le nom de son frère plusieurs romans. Le plus célèbre, le *Grand Cyrus*, était en 10 volumes.

Sévère, personnage du *Polyeucte* de Corneille.

Simon (Jules), 1814-1896, philosophe, écrivain, orateur et homme politique. Ouvrages principaux : *Le Devoir*, *La Liberté*, *L'Ouvrière*, *L'École*, *Le Travail*, etc.

Smiles (Samuel), écrivain anglais contemporain, dont les principaux ouvrages de morale sont la rédaction de cours faits à des jeunes gens dans des classes d'enseignement mutuel.

Socrate, 470-400 av. J.-C., sage athénien qui allait causant dans les rues, les boutiques et les gymnases, enseignant à aimer et à rechercher le vrai, à pratiquer le bien. Accusé par des citoyens ignorants et malhonnêtes dont son enseignement menaçait la popularité mal acquise, il fut mis en jugement et condamné à boire la ciguë. Il aurait pu gagner sa cause, s'il avait voulu supplier ses juges, ou s'enfuir après la condamnation. Mais il aima mieux ne pas démentir ce qu'il n'avait cessé d'enseigner. Voir le récit de sa mort dans Platon et dans Lamartine. Ses disciples, Platon et Xénophon, nous ont conservé les doctrines de ce sage qui n'a rien écrit.

Soulary (Joséphin), 1815, « originaire d'Italie, dit M. Merlet, né à Lyon, il s'est voué au sonnet. Maître du genre, il a souvent réussi à renfermer dans ce genre étroit des parfums de poésie fine et pénétrante ».

Spinoza, 1632-1677, célèbre philosophe hollandais ; vécut modestement de son travail, en polissant des verres de lunettes, refusa la richesse et les honneurs. Disciple de Descartes, il a présenté dans son *Ethique*, une philosophie fataliste et panthéiste très hardie et très forte.

Spleen (prononcez splin'), nom anglais donné à une forme de l'hypocondrie et consistant en un ennui sans cause, en un dégoût de vivre.

Stoïcisme, doctrine des Stoïciens, philosophes grecs du IIIe siècle av. J.-C., dont le chef Zénon avait d'abord enseigné à Athènes sous un portique (en grec *stoa*). Ces philosophes enseignaient et pratiquaient une doctrine morale très forte et très noble, que nous connaissons par les œuvres d'Epictète, de Sénèque et de Marc-Aurèle. Les maximes stoïciennes les plus connues sont : Supporte et abstiens-toi ; Renouvelle-toi toi-même ; Aime les hommes de tout ton cœur; Vis conformément à la nature.

Swammerdam, 1637-1680, savant hollandais, un des plus habiles observateurs des insectes ; lire à son sujet le livre II de *l'Insecte* de Michelet.

Taine, 1828-1893, élève de l'École normale supérieure, docteur ès lettres avec sa thèse sur les Fables de La Fontaine, quitte l'enseignement et se consacre à l'étude. Principaux ouvrages : l'*Histoire de la littérature anglaise*, *l'Intelligence*, la *Philosophie de l'art*, les *Origines de la France contemporaine*.

Thalès, 639-548 av. J.-C., de Milet en Ionie, un des sept Sages de la Grèce. Pour ce philosophe, l'eau était la matière dont tout était fait et sorti.

Thélème, abbaye imaginaire que Rabelais décrit au Ier livre du *Gargantua* ; la règle y était : Fais ce que voudras ; religieux et religieuses magnifiquement vêtus et confortablement logés y passaient la vie aux plus agréables et intelligentes distractions.

Thermopyles, défilé de la Locride où les Perses de Xercès furent arrêtés pendant plusieurs jours par quelques milliers de Grecs sous les ordres du roi de Sparte Léonidas. Quand les Perses eurent tourné la position, Léonidas ne voulant pas abandonner son poste s'y fit tuer avec quatre cents des siens.

Thespis, VIᵉ siècle av. J.-C.; grec du bourg d'Icarie qui passe pour avoir introduit le premier un acteur dans les chœurs célébrés en l'honneur de Bacchus. Cet acteur, tantôt s'entretenait avec les chanteurs, tantôt débitait seul de longues tirades. C'est lui qui aurait donné la première idée des tragédies.

Thucydide, 470-396 av. J.-C., le plus grand des historiens grecs; a raconté la guerre du Péloponèse.

Tœpffer, 1799-1846, écrivain genevois, auteur des *Voyages en Zig-Zag* et des *Nouvelles génevoises.*

Torquemada, 1420-1498, grand inquisiteur d'Espagne fameux par ses cruautés.

Tyrtée, poète grec du VIIᵉ siècle av. J.-C.; il ne reste de ses œuvres que des fragments et nous n'avons guère sur lui que des légendes; les morceaux que nous possédons sont d'énergiques chants de guerre.

Vésale (André), 1514-1564, médecin et anatomiste flamand, fonda une école de médecine en Italie.

Voisin (la), empoisonneuse célèbre, brûlée vive à Paris en 1680; accusa Racine d'avoir contribué à la mort de l'actrice Du Parc.

Wagner, écrivain français contemporain, auteur de beaux ouvrages de morale et d'éducation.

Xénophon, 431-355, Athénien, soldat, capitaine, agriculteur, historien et philosophe; type accompli du Grec qui s'entend à tout qui est également habile à manier la parole, la plume, l'épée, la charrue. A laissé des œuvres d'histoire : les *Helléniques*, l'*Anabase*; des traités spéciaux : la *Chasse*, le *Commandement de cavalerie*...; un traité d'économie domestique : l'*Economique*; un roman biographique : la *Cyropédie*; des ouvrages de philosophie... sur son maître Socrate.

Zélande (Nouvelle-), colonie anglaise de l'Océanie, (Polynésie); deux grandes îles; capitale, Auckland; indigènes forts, grands, braves et cruels.

Zola (Emile), né en 1840, romancier puissant qui excelle à faire voir les grands ensembles, maisonnées (*Pot-Bouille*), régions (*la Terre*), foules (*Lourdes, Germinal*), armées (*la Débâcle*), etc...

BIBLIOGRAPHIE DES OUVRAGES A CONSULTER

Francs.

BARNI. — *La morale dans la démocratie*, Alcan . . . . . . 5 »
BAUDRILLART. — *L'Economie politique dans ses rapports avec la morale*, Guillaumin 7 50
BOURDEAU. — *Le problème de la mort*, Alcan . . . . 5 »
CARRAU. — *De l'éducation*, A. Picard et Kaan. . . . . . . 3 »
CHANNING. — *Œuvres sociales*, Fasquelle. 3 50
COSTE. — *Alcoolisme ou épargne*, Alcan. . . . . » 60
— *La richesse et le bonheur*, — . . . . » 60
— *Les conditions sociales du bonheur et de la force*, Alcan 2 50
— *Économie politique et physiologie sociale*, Alcan. 3 50
— *Hygiène sociale*, — . . . . 6 »
CRISTAL. — *Les délassements du travail*, — . . . . » 60
CRUVEILHIER. — *Hygiène*, — . . . . » 60
DE LAMARCHE. — *Nos devoirs et nos droits*, A. Picard et Kaan 1 25
DUGARD. — *La culture morale*, Colin . . . . 3 »
ÉPICTÈTE. — *Manuel, traduction Guyau*, Delagrave 2 50
JANET (Paul). — *La Philosophie du bonheur*, Calmann-Lévy 3 50
— *La famille*, — 3 50
— *La morale* (2 vol.), Delagrave . . . . 5 »
JOUBERT. — *Pensées* (2 vol.), Perrin. . . . . 7 »
LALOI ET PICAVET. — *Instruction morale et civique*, Colin 5 »
LAUMONIER. — *L'hygiène de la cuisine*, Alcan . . . . » 60
LENEVEUX. — *Le Budget du foyer*, Alcan . . . . » 60
LIESSE. — *La question sociale*, Chailley 3 50
LUBBOCK. — *Le bonheur de vivre* (2 vol.), Alcan. . . . . . 5 »
— *L'emploi de la vie* (1 vol.), — 2 50
MARION. — *Leçons de morale*, Colin . . . . 4 »
MARROT. — *Qui veut de la santé et du bonheur?* Fischbacher 3 50
MAUREL. — *Excelsior*, — 3 50
NORDAU. — *Paradoxes psychologiques*, Alcan 2 50
— *Paradoxes sociologiques*, — 2 50
PAYOT. — *L'éducation de la volonté*, — . . . . 5 »
PICOT. — *Un devoir social et les logements d'ouvriers*, Calmann-Lévy. 1 »
RAYOT. — *Leçons de morale pratique*, Delaplane. 2 50
RONDELET. — *La morale de la richesse*, Perrin. 3 50
— *L'éducation de la vingtième année*, — 3 50
— *La vie dans le mariage*, — 3 50
— *Le livre de la vieillesse*, — 3 50
ROSTAND. — *L'action sociale par l'initiative privée* (tome 2e), Guillaumin . . . . 15 »
SIEGFRIED. — *La misère, ses causes, ses remèdes*, Alcan. . . 2 50
SIMON (Jules). — *Le Devoir*, Hachette 3 50
— *L'Ouvrière*, — 3 50
— *Le Travail*, — 3 50
SMILES. — *Le caractère*, Plon, Nourrit . . . . 4 »
— *Self Help*, — . . . . 4 »
TRÉLAT. — *La Salubrité*, Ernest Flammarion 3 50

TRENEY. — *Les grands économistes des* XVIII*e et* XIX*e siècles* A. Picard et Kaan . . . . 4 »
VAUDOUER ET LANTOINE. — *Pages choisies de Socrate*, A. Picard et Kaan . . . . » 40
— *Les Stoïciens : Épictète, Marc-Aurèle*, A. Picard et Kaan . . . . » 40
WAGNER. — *Auprès du foyer*, Colin. 3 50
— *La vie simple*, — 3 50
— *Jeunesse*, Fischbacher. 3 50
— *Vaillance*, — 3 50
ZIEGLER. — *La question sociale est une question morale*, Alcan 2 50

TABLE DES MATIÈRES

LECTURES

Chapitre III. — L'ÉCONOMIE DOMESTIQUE.

LECTURES

Chapitre IV. — LE MARIAGE

Paris. — Imp. A. Picard et Kaan, 192, rue de Tolbiac. — K.P. 51901.

www.ingramcontent.com/pod-product-compliance
Ingram Content Group UK Ltd.
Pitfield, Milton Keynes, MK11 3LW, UK
UKHW012023240726
13965UKWH00002B/532